중세와 토마스 아퀴나스

차례

Contents

중세는 '암흑의 시대'였나?

중세와 토마스 아퀴나스

중세 철학을 전공한 내게 사람들이 종종 던지는 질문이 있다. 왜 하필 중세 철학을 전공했느냐는 것이다. 우리 모두에게는 '중세'라는 용어가 뭔가 막연한 느낌을 주는 것 같다. 색채로 비유하자면 검은색, 또는 비오기 직전의 먹구름이 가득한 하늘과 같다고나 할까? 중세의 절정을 이루는 토마스 아퀴나스가 살았던 기간이 1224년에서 1274년이니, 중국으로 치자면 성리학이 왕성하던 때일 것이고 우리나라로 보자면 고려 23대 고종(재위 1213~1259)과 24대 원종(재위 1259~1274)이 집권하던 시대다. 따라서 왜 하필 중세 철학을 전공했느냐고 묻는 말은 시대적인 관점만을 놓고 보면, 왜 하필 성리학을 하며, 왜 하필 고려 시대의 사상을 전공했느냐는 말과 다르지 않다. 대부분의 사람들이 서양 중세 시기, 더욱이 중세 철학에 접근하기 어려운 이유는 어디에 있을까? 그리고 어떻게 하면 '중세'라고 했을 때 떠오르는 검은색을 밝은 색으로 바꾸고, 하늘의 먹구름을 걷어낼 수 있을까, 그래서 서양 중세 철학이 사람들에게 쉽게 다가갈 수 있을까를 생각하는 것이 중세 사상을 연구한 사람들의 과제 중의 하나일 것이다.

우리는 보통 중세가 암흑시대라고 생각한다. 그 이유는 아마도 중세가 인간 이성에 근거하고 그것을 중심으로 하는 철학 체계나 이론보다도 그리스도교의 세력이 우세했고, 따라서 철학은 다만 신학의 시녀라고 치부되었던 시대였기 때문일 것이다. 중세에 발생했던 많은 사건들은 대부분 그리스도교를 중심으로 일어났었고, 이런 사건들은 중세를 암흑시대로 지칭하기에 타당한 근거들을 제공하는 것도 어느 정도 사실이다. 인간 이성의 관점에서 보면 중세를 암흑시대로 평가하는 것은 그리 틀린 판단은 아니다. 그러나 중세에 대한 이런 평가에도 불구하고 중세가 일반적으로 암흑시대라고 '지칭되었던' 것이 정당한 평가인가 하는 물음을 우리는 제기해야 하고 이에 대한 답변을 찾아보려고 시도해야 한다. 나는 의식적으로 '지칭되었던'이라고 표현했다. 왜냐하면 지금부터라도 중세에 대한 활발한 연구가 진행되어야 하기 때문이라고 믿으며, 이로써 그 시대를 더 이상 단지 암흑의 시대로 남겨 놓아서는 안 된다고 믿기 때문이다.

사상사의 맥락에서 중세의 의미는 결코 과소평가되어서는 안 된다. 더욱이 그 시대를 무시한다는 것은 무지의 소치라고 밖에 표현할 말이 없다. 중세는 1,000년이 넘는 시간대에 걸쳐 있다. 역사에서, 더욱이 사상사에서 천 년을 뛰어넘고 역사나 사상을 연구한다는 것은 불가능한 일이다. 불가능하다기보다는 오히려 어불성설(語不成說)이란 표현이 더 어울릴 것이다. 그런 역사는 절름발이 역사이다. 더욱이 시간적으로 나누는 시대 구분에 앞서 사상적으로 나누어본다면 중세는 보에티우스(Boethius)에서 시작하여 근대 철학의 기원을 이루었다고 간주되는 데카르트에 이른다. 중세 사상에 대한 이해 없이 데카르트의 사상을 이해할 수 없다고 말하는 것은 좀 과장이라고 할 수 있겠지만 중세 사상에 대한 이해를 갖고 있다면 그의 사상을 이해하는 데 많은 도움이 되리라고 나는 생각한다. 『철학의 위안』이라는 저서로 유명한 보에티우스는 480년경에 태어나 524년에 사망했고, 데카르트는 1596년부터 1650년까지 생존했었다. 이렇게 본다면 중세는 거의 1,200년에 걸친 장구한 시간을 점하고 있는 셈이다.

중세가 이렇게 중요한 시대라면 어째서 우리나라 철학계나 신학계에서는 중세에 대한 연구가 활발하지 못했던 것일까? 가장 중요한 이유는 '중세에 철학은 신학의 시녀였다'는 말에서 볼 수 있듯이, 중세의 사상은 전적으로 신학이었지, 철학은 아니었다는 일종의 선입견 때문일 것이다. 그러나 중세의 사상을 비철학적이라고 치부해 버리는 것은 경솔한 행태가 아닐까?

중세의 여러 사상가들—나는 이 시대의 신학자와 철학자를 굳이 구분할 이유는 없다고 보고, 이들을 묶어 사상가라고 지칭하려고 한다—에 대한 이해나 연구가 꾸준히 있어왔던 유럽의 사회와는 달리 우리나라에서는 얼마 전까지만 해도 중세 사상을 연구하는 학자들의 수가 매우 적었다. 중세 사상은 신학의 분야에서 사제들에 의해서 연구된 것이 거의 전부였다고 해도 지나친 말이 아니다. 이제는 중세에 대한 철학적인 반성의 작업이 필요하다.

이 글은 중세가 암흑시대였나를 다룸과 동시에 중세의 위대한 사상가 중의 한 사람인 토마스 아퀴나스의 사상과 그의 사상이 현재의 우리에게 주고 있는 메시지는 무엇일까를 고찰하는 데 그 목적을 두고 있다.

중세 사회의 단면

『장미의 이름』은 소설에 불과한 것일까?

중세는 어떤 시대였는가? 왜 중세는 단지 암흑시대였다는 말 한마디로 요약되어지는가? 중세 시대가 갖고 있던 문제는 무엇인가? 단지 학문적이고 사상적인 면에서만 중세가 암흑기였다는 말이 생기지는 않았을 것 같다.

이제 우리의 역사에서 고려사를 읽듯이, 우리 자신을 중세의 유럽에 세워 놓고 그 시대로 시간 여행을 떠나보자.

중세에 있었던 사건 중에서 손꼽을 수 있는 것은 십자군 전쟁과 황제와 로마 교황청 사이의 권력 다툼, 페스트와 마녀 처형일 것이다.

소설 『장미의 이름』으로 일약 세계적인 스타로 떠오른 볼로나(Bologna) 대학의 언어의미론 교수인 움베르토 에코(Umberto Eco)는 2000년에 또다시 중세를 무대로 하는 소설 인 『바우돌리노 *Baudolino*』를 발표했고, 이 소설은 그의 예전의 소설인 『장미의 이름』을 능가하는 판매 부수를 기록하며, 세인의 이목을 집중시켰다. 몇십 년에 걸친 십자군 전쟁이, 또는 계급사회가 갖는 특이한 불평등한 사회 구조상의 문제가 일반 백성들의 생활에 어떤 결과를 가져왔으리라는 것은 가히 상상할 만하다. 『장미의 이름』에서 우리는 수십 가지의 예화(例話)보다, 또는 수십, 수백 마디의 말보다 더 현실적으로 우리에게 다가오는 충격적인 묘사를 발견할 수 있다. 물론 이것은 소설의 한 장면일 뿐이기는 하지만 그 당시의 사회상과 전혀 동떨어진 묘사는 아니라고 생각되기에 예로 들어본다. 그것은 수도원의 성 밖에 사는 소녀가 먹을 것을 얻기 위해 수도사와 육체관계를 맺는다는 것이다. 그리고 이 소녀는 붙잡혀 결국 마녀라는 이름으로 처형된다.

중세에 그리스도교는 귀족 계급들에게 뿐만 아니라 대부분의 백성들에게 있어서도 중요한 역할을 했겠지만, 막상 생계의 문제가 절실해질 때 일반 백성들에게 믿음이 절대적으로 중요했었을까에 대해서는 다시 한번 생각해 볼 만하다. 생계를 유지하는 일이야말로 일반 백성들에게 더 소중하고 급박한 일이 아닌가? 우리 인간이 극한 상황에 처해 있을 때, 예를 들면 아사 직전에 있다던가, 또는 까뮈(Albert Camus)가 그의 작품 『페스트』에서 묘사하고 있듯이, 한계 상황에 처했을 때 인간이 가장 먼저 보이는 반사작용은 이에 대한 대응책, 즉 자신만큼은 그 상황에서 벗어나려는 인간의 이기심에서 나오는 행위일 것이다. 그리고 그런 상황에서 인간은 더 이상 이성적인 존재자이기를 멈춘다. 하물며 신앙이야……. 이때 우리 안에서 드러나는 것은 사실 『페스트』의 병원균보다 더 무서운 병균일 것이다.

십자군 전쟁과 그 영향

중세는 교회의 세력과 세속의 세력이 첨예하게 대립되어 있거나 긴장 관계를 유지하고 있던 시대이기도 했다. 또한 1096년부터 1229년까지 계속된 그리스도교와 이슬람 사이의 십자군 전쟁은 그리스도인들의 순례 성지였던 곳들을 예루살렘을 통치하던 이슬람교도들이 1096년에 폐쇄하면서 시작된 종교 전쟁이다. 로트링겐 출신의 보에몽의 주도 아래 군대가 조직되었고 예루살렘은 이들에 의해 탈환되었지만, 십자군 원정은 단 한 번으로 끝나지 않고 이후 200여 년 동안 성전(聖戰)이란 미명 아래 여섯 번이나 더 행해졌다. 이 전쟁은 유럽을 피폐시키기에 충분했다. 이 전쟁은 몇 번의 원정으로 인해 그리고 그것이 장기화됨에 따라 원래의 성전의 의미를 잃고 결국 침략과 약탈의 전쟁으로 변질되었다. 십자군 전쟁에 임했던 병사들은 침략과 약탈에만 그친 것이 아니다. 이슬람 병사들은 그리스도교 성당의 성화들을 흰 회칠로 덮어버렸고, 거의 모든 성상들을 파괴시켰다. 중세의 고통은 여기에서 그치지 않는다. 십자군 전쟁 이외에 일명 흑사병이라고 하는 페스트 또한 전 유럽을 휩쓸었다. 1347년에 시작되어 1352년까지 맹위를 떨친 이 병으로 인해 약 2천 5백만 명이 사망했다. 이 숫자는 그 당시 유럽 전 인구의 약 3분의 1에 해당하는 숫자이다.

십자군의 목적은 적어도 표면상으로는 종교적인 것이었기에 교황들이 주도적인 역할을 한 것은 자연스러운 일이었다. 이로써 교황권은 더욱 증대되었다. 십자군 전쟁의 또 하나의 중대한 결과는 유대인 학살이다. 유대인들은 학살되거나 재산을 몰수당하거나 강제로 세례를 받아야 했다. 독일에서는 1차 십자군 전쟁 때 대규모의 유대인 학살 사건이 있었고, 영국에서는 3차 십자군 전쟁 때 대규모 학살이 있었다. 십자군 전쟁이 일어나기 전에 유대인들은 동양의 상품들을 유럽 지역에 수입하는 일을 거의 독점하고 있었는데 유대인 학살 이후, 그리고 십자군 전쟁 이후에 이런 교역은 자연히 그리스도인의 손에 넘어가게 되었다.

십자군 전쟁의 영향으로 간주될 수 있는 또 다른 것은 문화 교류이다. 즉, 콘스탄티노플과 문화적인 교류를 하게 된 것이다. 12세기와 13세기 초기에 있던 문화 교류의 덕분으로 그리스어로 된 많은 서적들이 라틴어로 번역되었고 콘스탄티노플과 빈번한 교역이 이루어졌다.

마녀 사냥

중세에 있었던 마녀 처형은 그 당시 지식인들이었던 성직자들에 의해 이루어졌다. 이것은 어쩌면 당연한 일이었는지도 모른다. 무지한 민중들이 어떻게 확실한 논리와 증거를 제시할 수 있겠는가? 더욱이 그 당시 교회 권력은 지상에서의 최고 권력기관이 아니었는가?

우리는 여기에서 마녀라는 개념과 악령(Dämon)이라는 개념을 혼동해서는 안 된다. 아우구스티누스는 이미 그의 저서 『신국론』에서, 특히 10권 21-22장에서 악령의 사상을 서술하고 있다. 또한 밤에 돌아다니는 여자들이라든가, 이들이 동물로 변한다는 등의 민간에 떠돌아다니는 이야기들도 있었다. 이런 이야기들이 교회에서 거부되었다고는 해도 완전히 근절되지는 않았다. 오히려 스콜라 전성기의 위대한 신학자들인 헤일스의 알렉산더, 보나벤투라 그리고 토마스도 이 생각들을 받아들였다. 특히 토마스는 악령에 대한 물음을 그의 저서에서 언급하고 있다. 비록 아주 간단히 그리고 아주 드물게 이 문제를 다루고 있긴 하지만, 무엇보다 그가 민간에 떠도는 이런 생각들을 무조건 받아들였다는 사실 자체가 중요하다고 할 수 있다.

아이콘

중세는 철저한 위계질서가 유지되던 시대였다. 한편으로 세속적인 계급에서는 가장 위에 황제가 있었고 그 밑에 귀족들의 서열이 있었다. 그 다음에는 도시의 자유 시민들의 계층이 있었는데, 도시 귀족과 부유한 상인 등이 이 계층의 상위층을 이루었고 그 아래에 수공업자들의 위계 서열이 놓여 있었다. 또한 농민, 하인 그리고 농노가 있었다. 교회 내에서의 위계 질서는 현재의 그것과 거의 같다.

중세의 사람들은 그들이 태어날 때 속했던 계층에 평생 속했고 개인의 신분이 그에 대한 모든 것을 결정했다. 현세에서의 이런 불평등에 대한 보상으로 약속된 것이 바로 내세에서의 행복관이다. 중세에는 성직자를 비롯한 특수 계층을 제외한 일반 백성들은 사실 거의 무학자들이었다. 그랬기에 이들의 신앙심을 고취시키기 위한 방법이 그림, 즉 오늘날 우리에게 '아이콘(icon)'이라고 알려진 것이다. 일반 백성들은 그들의 집에 그리스도교와 관련된 성상이나 그림들을 걸어놓고 신앙생활을 했다. 또한 십자군 전쟁에 나가는 병사들도 아이콘을 몸에 지니고 성전에 임했는데, 이 아이콘을 지녔던 병사들이 침략과 약탈 행위에 참여했다는 것은 생각만으로도 끔찍하다. 이런 일련의 사건과 유사한 것을 우리는 현대에 간접적으로 경험하고 있다. 지금의 이라크 사태가 이에 버금가는 것이 아니고 그 무엇이랴?

이런 모든 일련의 사건과 사회적 상황에도 불구하고 중세는 새로운 시대 흐름에 의해 산업이 막 일어나기 시작했고 또한 여성에 대한 생각이 점차 바뀌기 시작한 시대이기도 하다.

이 시대의 뛰어났던 한 여성에 얽힌 사랑 이야기를 여기에 소개해 보기로 한다.

아벨라르두스와 엘로이즈의 사랑 이야기

중세 변증론의 대가로 일컬어지는 사상가 아벨라르두스(1079~1142)는 한 여인과의 사랑으로 인해 1118년 그의 생에서 일대 전환기를 맞게 된다. 그런데 이 여인은 그가 고통을 감수할 만한 가치가 있는 여인이었다. 이 사랑 이야기의 상세한 내용을 우리는 아벨라르두스의 기이한 자서전에서 읽을 수 있는데, 고백록 형식으로 쓰인 이 책의 제목은 『나의 고통의 이야기』이다. 그러나 이 사랑은 순수한 애정에서 시작된 것은 아니었다. 그는 39살이었고 그의 연인인 엘로이즈는 17살이었다. 그는 그 당시 최고의 유명세를 누리고 있었으며, 스스로도 자신만이 이 세상에서 유일무이한 철학자라고 자부하고 있을 때였다. 그리고 그는 이미 엘로이즈를 알고 있었다.

엘로이즈(약 1101~1164)는 참사원 퓔베르(Fulbert)의 조카딸이었다. 그녀는 미모의 여성이었을 뿐만 아니라 교육도 받은 여성이었고, 그녀의 학식은 그 당시 이미 프랑스 전역에 널리 알려져 있었다. 그녀의 지적 수준뿐만 아니라 그녀의 미모 역시 아벨라르두스의 마음에 들었다.

엘로이즈의 삼촌인 퓔베르는 조카딸의 교육을 아벨라르두스에게 맡겼다. 퓔베르는 그 나름으로 이런 선생을 구할 수 있었다는 것에 만족해서 아벨라르두스에게 조카딸의 교육을 일임했을 것이다.

이런 정황으로 미루어 볼 때 그 당시에 이미 명문 귀족 집안에서는 여성들에게도 교육의 가능성이 주어져 있었으며, 그들은 현재 우리 식의 입주 교사들이나, 정기적으로 방문하는 교사들을 두고 있었음을 알 수 있다. 이런 형태의 교육이 가능했던 이유는 그 당시에 여성들이 공공의 교육 기관에서 남자들과 함께 교육을 받는다는 것이 불가능했기 때문이다.

처음에 스승과 제자 사이로 만난 아벨라르두스와 엘로이즈 사이에는 점차 사랑이 싹트게 되었고 그들의 관계는 결국 발각되어 아벨라르두스는 그 집을 떠나야 했다. 그러나 그들은 다른 곳에서 계속 만났다. 그들의 관계는 더 이상 비밀이 될 수 없었다. 더욱이 엘로이즈는 임신을 하게 되었다. 아벨라르두스는 퓔베르가 없는 틈을 타서 수녀로 변장한 자기 연인을 브르타뉴(Bretagne)에 있는 자기 누이에게 데려갔다. 그곳에서 엘로이즈는 아들을 낳았고 그 아들의 이름을 아스트로라비우스(Astrolabius)라고 지었다. 아벨라르두스는 퓔베르를 방문해 결혼을 간청했다고 한다. 사실 그는 단순한 삭발 수도승이었기 때문에 교회법에 따라 결혼을 할 수 있었다. 그러나 퓔베르는 그의 청을 거절했다. 어쩔 수 없이 비밀스런 결혼을 한 아벨라르두스는 자기 일을 계속하고 싶어했고 반면 자기 부인인 엘로이즈는 조용히 묻혀 있기를 원했다. 퓔베르가 아벨라르두스를 결코 용서하지 않을 목적으로 결혼을 발표하자 그의 명성을 약화시키려는 의도를 알게 된 아벨라르두스는 엘로이즈에게 일단 수녀원으로 가서 모든 소문이 누그러질 때까지 기다리도록 했다. 그러나 퓔베르는 아벨라르두스가 자신을 또다시 속였다고 생각해서 아벨라르두스를 성불구자로 만들어버렸다.

이로부터 아벨라르두스의 절망과 도주의 생활이 시작된다. 그는 엄청난 절망과 박해로 인해 차라리 이교도의 세계로 도주하려는 열망까지 갖게 된다. 심지어 그가 어느 수도원의 원장으로 임명되었음에도 그를 독살하려는 음모는 계속되었다. 아벨라르두스는 중세의 지식인들이 겪었던 특이하고 극단적인 모습을 보여주고 있다. 특히 계속해서 그를 위협했던 독살이나 암살 음모 등은 사랑을 첫째로 꼽는 그리스도교에서는, 더욱이 그 당시의 지식인 계층이었던 수도자들에게 있어서는 상상으로라도 있어서는 안 되는 일이었다.

그는 은퇴하고 나서도 교사로서 큰 성공을 거두었다. 젊은이들은 아마도 현명하고 말주변이 좋았으며 다른 선생들에게 오만하게 대했던 그의 태도를 좋아했을 것이다. 그러나 그는 1121년 삼위일체론에 대한 그의 비정통적인 저술로 인해 유죄 판결을 받았다.

아벨라르두스는 수도원에서의 4년 동안의 징계 기간이 끝난 후 다시 세속으로 돌아왔으나, 1141년 다시 베르나르두스의 제의로 이단으로 규정되었고 클뤼니로 은퇴한 이듬해에 사망했다.

12세기의 새로운 조류

12세기에는 여성들에 대한 지배적인 견해들이 변하기 시작하면서 서서히 결혼에 반대하는 조류(潮流)가 형성되던 시기이다. 이때에는 여자들이 스스로를 더 이상 남자의 소유물도 아니고 아이를 낳는 기계도 아니라고 자각하기 시작한 때이다. 이제 결혼이 아니라 자유로운 인간 본성에서 연유하는 사랑이 서서히 지배적인 조류를 이루기 시작한다. 혹자는 이런 분위기가 형성된 이유가 '트리스탄과 이졸데'의 애절한 사랑 이야기의 영향 때문이라고 한다. 바그너의 오페라 곡명으로 더 유명한 '트리스탄과 이졸데'는 중세 기사도 문학의 기념비적인 작품으로 꼽힌다. 이 유명한 사랑 이야기는 켈트족의 전설을 토대로 12세기의 음유 시인인 토마스와 베룰이 서사시로 기록한 것이다. 주인공 트리스탄과 금발의 이졸데 사이의 이룰 수 없는 사랑의 아픔을 토대로 한 비극적인 이 이야기는 그 당시 자신들에 대해 자각하기 시작한 여인들에게 큰 공감을 얻은 것 같다.

엘로이즈의 태도에서 이해할 수 없는 부분은 그녀가 그 당시의 지식인 여성으로서 아벨라르두스가 원한 대로 수녀원에 머물러 있었다는 것이다. 그 당시 시대가 짓누른 제약 때문이었을까? 엘로이즈와는 달리 자신의 뜻을 관철시키며 뛰어난 여성으로 살았던 또 다른 지식인 여성이 있었는데 바로 빙겐 출신의 힐데가르트 수녀이다(Hildegard von Bingen, Bingen은 독일 라인 강 중류에 있는 도시). 힐데가르트 수녀는 어린 나이에 이미 예언 능력을 나타내서 주위를 놀라게 했다. 인근 수녀원 원장 수녀가 교육을 맡겠다고 그녀를 수녀원으로 데려갔을 때 그녀의 나이는 불과 8살이었다. 힐데가르트 수녀는 이곳에서 베네딕토회의 규정을 익혔고 인문학 공부를 했다. 이곳의 수녀원장이 죽은 후 1136년 힐데가르트 수녀는 38살의 나이로 수녀원 원장이 되었다. 후에 그녀는 빙겐의 수도원 원장의 뜻에 반대해 수도원에 종속하지 않는 수녀원을 짓는 데 성공했다. 1152년 수녀원 봉헌을 기해 힐데가르트 수녀가 지은 악극이 '하느님의 전능에 관한 연극'이다. 힐데가르트 수녀는 일생을 병마와 싸우면서도 신학, 의학 그리고 자연 과학에 걸쳐 13개의 작품을 썼으며, 300여 개의 편지 및 성인들의 전기(傳記)를 남겼다.

중세 대학에서 행해졌던 강의 양식

세 가지 강의 방식

중세의 대학은 교수와 학생으로 구성된 일종의 길드와 비슷하며, 초창기에는 교회와 제왕 제후의 지배를 받았으나 후에는 독립하여 13세기에 접어들면서 크나큰 사회적 영향을 끼치게 되었다.

토마스가 활동했던 13세기는 대학의 세기였다. 그리고 또한 수도회의 시대이기도 했으며, 새로운 도시들의 생성으로 인해 새로운 질서가 생겨나기 시작한 시기이기도 했다. 또한 이슬람 세계를 통해 아리스토텔레스의 작품들이 유럽 세계로 유입되었다. 이것은 하나의 커다란 전기를 이루는 사건이었다.

토마스는 이런 면에서 행운아일지도 모른다. 왜냐하면 12세기부터 아리스토텔레스의 작품들이 아랍-유대계 학자들에 의해 라틴어로 옮겨지지 않았다면 토마스의 작품 중 많은 부분이 생겨나지 않았을 것이기 때문이다. 그 이유는 그의 많은 저작들이 사실 아리스토텔레스의 저작에 대한 주석집들이기 때문이며, 또한 이런 번역서를 통해서나마 그는 서양 철학의 원천이랄 수 있는 그리스 철학을 접할 수 있었기 때문이다. 토마스는 49세의 짧은 생애에 비해 도저히 믿기지 않을 정도의 많은 저서를 남겼다. 그가 다루지 않은 문제는 거의 없었다. 그는 신학적인 문제 외에 철학적인 문제와 관련해서도 많은 작품을 썼다. 토마스의 사상에 대해서는 뒤에서 논의될 것이므로 여기에서는 다만 그 당시 대학의 교과과정이 어떻게 진행되었는지를 살펴보기로 한다.

대학의 강의에서 보여지는 스콜라주의의 양식을 우리는 그 전개와 표현 방법에 따라 그것의 기본적인 세 가지 방식, 즉 강독(Lectio), 물음(Quaestio), 토론(Disputatio)으로 나눌 수 있다. 그리고 이에 더해 자유 토론(Disputatio quodlibetalis)이라는 특이한 형태가 있었다. 강독에서 발전되어 나오는 것이 물음이고, 이 물음은 다시 토론이 된다. 결론적으로 나오는 '항목'들은 논의된 주제들의 나머지 부분들이다. 토마스의 저작의 형식도 바로 이 형식들을 따르고 있기 때문에, 여기에서는 이들에 대해 가능한 한 상세히 서술해보기로 한다.

강독

강독은 텍스트에 대한 주석이며, 이것이 가장 기본적인 것이다. 그리고 스콜라주의는 이 강독을 제도화하고 확장시켰다. 이것은 논리적인 설명 또는 해명을 위해 문법적인 분석에서 심도 있게 나아간다. 이러한 강독에 대해 솔즈베리의 요안네스는 철학을 갈망하는 사람은 강독, 독트린 그리고 명상을 배운다고 했다. 생 빅토르의 후고 역시 이와 유사한 견해를 갖고 있었는데, 그는 신학적인 요소인 독트린은 빼고 강독과 명상을 언급하고 있다. 그는 강독에 대해서 "강독은 쓰여진 것으로부터 우리가 규칙과 법칙에 따라 무엇인가를 배우는 것이다"라고 설명한다.

강독과 독트린은 앞의 학자들의 사유나 앎을 우리가 읽고 배움으로써 획득하는 일종의 답습 방식이다. 이런 의미에서 강독은 가르치고 배운다는 뜻을 갖게 되고, 가르치는 사람은 강독자라고 일컬어진다. 이런 형태는 오늘날에도 남아 있다. 우리가 현재 강의라고 하는 것이 사실 이 강독의 형식을 취하고 있다. 즉, 강독자가 자신이 준비한 교재를 학생들 앞에서 또는 학생들과 함께 읽어 내려가며 설명하는 형식이 이것이다. 중세 철학에 대한 대가(大家) 중의 한 사람인 쉬네(M. D. Chenu)에 의하면 중세의 '강독'은 본문들에 대한 단순한 설명을 넘어 '질문들'을 제기하는 것이었다. 이 '질문들' 속에서 고대의 변증법 및 아리스토텔레스의 출현에 의하여 13세기 동안에 탐구된 복잡한 문제들과 신학 영역에서 새로이 일게 된 문제의식이 발생했다. '질문들'과 더불어 스콜라 철학과 신학은 그 발전의 절정에 달하게 되었는데, 그 이유는 그 질문들 속에서 철학과 신학에서의 창조적 영감에 가장 잘 부합되는 매체를 발견하였기 때문이다.

물음

강독에서 더 나아간, 좀더 높은 수준의 교수 방식이 물음(Quaestio)이다. 우리가 책을 읽어나갈 때 모르는 부분이 있어 막히는 경우, 우리는 이것을 이해하기 위해 더욱 정확한 설명과 연구를 필요로 한다. 학생들은 강의 중에 모르는 부분이 있다면 강독자에게 당연히 물음을 던질 것이다. 이런 물음이 중세 스콜라 철학의 기본적인 요소였다. 이렇게 교재의 난해한 부분에 대한 정확한 설명을 요구하는 것 이외에 물음을 생기게 하는 두 번째 이유는 동일한 문제에 대해 서로 다른 답변이나 주장이 등장하는 경우일 것이다.

물음은 '……인가'라는 형태를 취한다. 따라서 대체로 물음으로 시작되는 토마스의 저서의 논의는 물음 '……인가'에 해당하는 라틴어 'utrum'으로 시작된다. 예를 들어 '선은 악의 원인일 수 있는가'라는 물음은 'Utrum bonum possit esse causa mali'이다. 이렇게 'utrum'으로 시작되는 물음의 형식은 하나의 고정된 틀과 같이 되어버린 형식이다. 마치 옛날 이야기의 시작이 '예전에' 또는 '옛날에/옛날 옛적에'로 시작되듯이.

위에서 우리는 물음이 생기는 두 가지 이유를 살펴보았다. 첫째 경우, 물음은 학생이 강의 중에 이해하지 못한 것에 대해 질문할 때 생기고, 다른 하나는 같은 문제에 대한 상이한 견해로 인해 생긴다. 이 물음은 교수와 학생들의 적극적인 논의의 대상이 되며, 이로써 토론(disputatio)이 성립된다. 그런데 이 당시의 토론은 지금 우리의 강의 중에 생길 수 있는 토론과는 달랐다.

토론

토론은 교수의 주재 아래 열린다. 어느 한 교수가 토론을 개최하는 날은 다른 교수들과 강사들의 오전 강의는 휴강된다. 이날 토론을 주재하는 교수만이 토론에 앞서 간략한 강의를 한다. 이 토론을 이끌어가는 교수를 지도 교수로 삼고 있는 석사와 학부 학생들은 모두 여기에 참여해야 한다. 그리고 그 날 토론을 주재하는 교수의 명성이라든가 논의되는 주제에 따라 참여자의 숫자가 달랐으리라는 것은 의심의 여지가 없다.

토론되어야 하는 물음은 토론을 주재하는 교수에 의해 미리 확정된다. 이 물음은 토론 일자와 함께 다른 학과의 학생들에게도 공고된다. 그러나 이것을 주재하는 교수 자신은 토론자가 아니다. 그의 지도를 받는 석사(Baccalaureus, 중세 대학에서 학문의 영역에서 가장 낮은 자격의 소지자를 이르는 용어로 지금의 학사로 보는 것이 타당하겠으나, 실질적으로는 지금의 석사나 박사 과정에 있는 사람들을 의미하는 듯하다)가 답변자의 역할을 떠맡으며, 석사인 이 학생은 이로써 토론의 연습과정을 시작하는 것이다. 반대 의견은 그 토론에 참여하고 있는 교수들에 의해 가장 먼저 제기될 수 있으며, 그 다음으로 다른 석사들에 의해서, 그리고 마지막으로 경우에 따라서 학부생들에 의해서 제기된다. 즉, 교수들보다 석사들이 먼저 물음을 던질 수 없으며, 질문을 던질 자격이 학부생들에게 반드시 주어져 있지는 않았다는 뜻이다. 이 토론을 주재하는 석사가 답변을 하며, 이 토론을 주재한 교수가 필요한 경우 그를 도와준다. 이것이 일반적인 토론의 진행 과정이다. 교수는 토론 후에 토론에서 제기되었던 이의(異議)에 대한 자신의 견해를 논리적으로 또는 질서 정연하게 규정한다. 그 다음으로 그는 논쟁이 되는 물음에 대해 더 포괄적인 서술을 할 수 있다. 그리고 마지막으로 그의 주제에 대해 제기된 모든 이의에 답변한다. 첫 번째 토론의 과정 후에 진행되는 이런 방식은 결정이라고 하는데, 교수가 교수의 권위를 기반으로 자기 학설을 결정하기 때문이다. 결정하는 것과 한 학설을 규정하는 것은 교수 자격을 가진 사람들의 권리 내지는 인정된 특권이었다. 석사들에게는 결정할 수 있는 권리가 없었다.

토론의 전개 방식은 토마스의 작품들에서 보여지듯이, 우선 물음으로 제기된 주제에 대한 학설이나 주장들이 소개된다. 이때에는 주로 교회의 권위 있는 교부나 신학자들의 의견이 제시되는데, 교부 중에서는 특히 아우구스티누스의 견해가 많이 이용되었다. 그리고 이 주장에 대한 반대 의견이 제시된다.

이 반대 의견은 'sed contra'라는 낱말로 시작되는데, 이것은 '그러나 이 주장들에 대한 반대로'라는 의미이다. 따라서 예를 들면 'sed contra 1'은 '첫 번째 주장에 대해서는 다음과 같이 말해야 한다' 또는 '첫 번째 주장에 대해서는 다음과 같은 반론이 있다'와 같이 번역될 수 있다. 그리고 물음에 대한 토마스 자신의 답변이 소개되고, 마지막으로 주장들에 대한 반박 내지 보충 설명을 함으로써 한 가지 물음이 끝난다. 이것은 'ad'라는 낱말로 시작되며, 예컨대 'ad 1'은 '주장 1에 대하여'를 의미한다. 토마스의 작품에서는 교회의 권위 있는 교부로 아우구스티누스가 많이 언급되며, 토마스가 '철학자'라고만 지칭하는 철학자는 아리스토텔레스를 의미한다.

자유 토론

마지막으로 우리의 흥미를 끄는 형식은 '자유 토론(disputatio quodlibetalis)', 즉 '규정되지 않은 논의'이다. 토마스는 이 형식의 발의자 중의 한 사람이었을 뿐만 아니라, 이 형식은 그 당시 파리에서 매우 융성했던 토론 형식이다. 이것은 일 년에 두 번, 성탄절 직전과 부활절 직전에 열렸다. 이것은 지금의 우리에게는 일종의 학회 발표회와 유사하다고 할 수 있는데 보통 아침 9시경이나 12시경에, 어쨌든 오전에 일찍 시작되어 장시간 진행되었다. 인문학과, 법학과, 의학과, 특히 신학과의 교수들이 이런 토론을 개최할 수 있었는데, 이 토론에서 다루어질 논의 대상은 청자들이 선택하도록 청자들에게 위임된다. 그리고 다루어지는 문제 또한 무제한으로 확장될 수 있었다. 따라서 이 토론은 "임의적인 각각의 청자의 요구에 따르는 임의적인 모든 것에 대한" 토론이다. 이 토론에서는 참석한 모든 사람에게서, 모든 분야에 걸쳐 다양한 물음들이 제기될 수 있었다. 다시 말해서 가장 다양하고 상이한 문제들이, 극히 고도의 형이상학적인 물음에서부터 일상의 문제에 이르기까지의 모든 문제들이 참석자들의 열광적인 논의와 참여에 의해 제기되었다. 따라서 이 토론은 사실 토론을 주재하는 교수에게는 하나의 커다란 도전임과 동시에 위험 요소가 될 수 있었다. 그렇기 때문에 혼합된, 어떤 정해진 주제가 없는 이런 강좌의 논의를 개최하려는 사람은 인문과학의 거의 모든 분야에 걸쳐 포괄적인 전문지식을 갖고 있어야 했다. 그리고 특히 학문적인 분야에서뿐만 아니라, 인간관계에 있어서도 적(敵)이 없는 사람이 유리했다. 왜냐하면 토론을 주재하는 교수를 애먹이기 위해 의도적으로 질문을 위한 질문을 던지는 사람들이 간혹 있었기 때문이다. 이런 경험을 한번 해본 교수들이 이런 토론을 다시 주재하는 일은 아주 드물었다. 자유 토론을 정리해서 엮어놓은 저술이 적은 이유도 이 때문이다.

스콜라 방식

이렇게 다양한 강의 방식에서 보여지는 엄격한 학문적인 체계를 갖고 있던 방식, 그리고 이성의 법칙을 준수하는 학문적 방법이 우리가 보통 '스콜라'라고 지칭하는 중세의 학문 방식이다. '스콜라'는 학교를 뜻하는 라틴어 낱말인 'schola'에서 유래한다. 스콜라주의는 11세기 중반부터 15세기 중반까지 유럽의 그리스도교적인 대학교에서 있었던 논의를 결정하던, 그리고 그리스와 로마 철학을 그리스도교의 종교적 지식과 결합시켜 정돈된 체계를 마련하고자 했던 학문적 경향이다. 이것은 자연적인 인간 이성의 도움으로 초자연적인 현상인 신의 계시를 이해하려는 신학적인 도그마라고 할 수 있다. 또는 더 넓은 의미로는 위에서 언급된 특징적인 정신적 태도와 철학적 방식 또는 이와 유사한 사유방식을 지칭한다. 스콜라주의자들의 가장 중요한 관심사는 어떤 새로운 사실을 발견하는 것이라기보다는 고대에 이미 획득된 지식을 그리스도교의 계시와 일치시키려는 것이었다. 이런 의미에서 이데아론에 근거하고 있는 플라톤의 '두 세계 이론'은 그리스도교에 의해 온전히 받아들여졌다고 할 수 있다.

스콜라주의 또는 스콜라적인 학문 방식에서 중요한 것은 문법이다. 이것은 언어의 규칙이라고 할 수 있겠는데, 스콜라주의의 사상가들이 본질적으로 중요하게 생각했던 것은 낱말, 개념 그리고 존재 등이었다. 문법 이외에 중요했던 것은 변증론이었다. 이것은 증거제시의 규칙이라고 할 수 있는데, 변증론은 스콜라주의의 사상가들이 자신의 공격자로부터 자신을 방어하고 그들의 청자나 독자를 설득하는 방식이었다. 셋째로 중요했던 것은 권위였다. 위에서 우리는 강독의 기본은 텍스트라고 했는데, 이 텍스트란 그리스도교에서, 그리고 고대 사상가들의 저작 중에서 그들이 권위를 부여한 것들이다. 그들이 권위를 부여한 것들은, 위에서 잠깐 언급했듯이, 성서와 교부들, 그리고 철학자인 플라톤과 아리스토텔레스 등의 작품들이다.

중세의 모든 다양한 철학을 일관하는 하나의 변함없는 태도를 뚜렷이 볼 수 있는데, 그것은 곧 권위에 대한 존경과 이 존경에서 당연히 나오는 결과로서 위대한 희랍의 사상가들, 교회에 속하는 희랍과 라틴계의 교부들, 그리고 성서 구절들을 인용하는 태도였다. 그리고 이런 것을 인용할 때 그들이 표하는 존경심 내지 경의가 근세 초의 많은 비평가들에게는 지적인 노예성 혹은 맹종으로 보였던 것도 사실이다. 그러나 사실 이것은 중세의 뛰어난 저술가들 모두에게 해당되는 것은 아니다. 이것은 오히려 그 당시 학원에 널리 퍼져있던 두 가지 정신적인 특성의 표식이었다.

이 중 첫째로 권위에 대한 중세인의 존경은, 철학이란 것을 철학에 의하여 산출된 문제가 아니라 철학에게 주어진 문제를 이해하고 해명하려는 노력이라고 믿는 확신에서 우러나왔다. 아우구스티누스는 이미 신앙은 이성의 밝은 빛을 필요로 하기는 하지만 또한 그것은 이성이 사용할 재료들을 이성에게 주는 데 필요한 것이라고 주장한 바 있다. 이 주장은 그의 후계자들에 의하여 자주 되풀이되었다. 가령 성 안셀무스가 다음과 같은 글을 쓴 것은 아우구스티누스의 입장을 재확인하는 것에 지나지 않았던 것이다. "나는 믿기 위하여 이해하려는 것이 아니라, 도리어 이해하기 위하여 믿는 것이다. 이런 까닭에 나는 또한 내가 믿지 않으면 이해하지도 못한다는 것을 믿는다."

둘째로 권위에 대한 존경은 지적으로 유능한 자질의 표현으로 여겨졌다. 그것은 배운바 없는 정신에 대한 불신을 의미하는 것이었다. 왜냐하면 스콜라 철학자들이 깨달은 바와 같이, 권위는 올바로 사용되기만 하면 지력(知力)을 구속하는 것이 아니라 도리어 지력을 해방시키는 것이기 때문이다. 주어진 문제에 대해서 이미 말해지고, 생각된 것을 충분히 알고서 자기의 판단을 내리도록 먼저 자기 자신을 훈련한 사람만이 그 문제를 논할 자격이 있는 것이다. 권위자의 말을 인용할 수 없는 사람은, 바로 이 사실에 의하여 토론되고 있는 문제의 역사를 모르는 것으로 간주되었다. 권위자의 말을 인용할 수 있는 사람, 특히 그것을 충분히 인용할 수 있거나 혹은 한 문제에 대해서 의견이 다른 여러 권위자의 말을 인용할 수 있는 사람은, 이 사실로 미루어 그 자신의 의견을 형성할 수 있는 것으로 생각되었다. 권위에 대한 존경은 학문이 튼튼한 기초 위에 서야만 한다는 필요성을 인정하는 것이었다.

토마스도 권위에 대한 중세의 존경의 정확한 의의를 잘 드러나게 하는 방법에 의해서 그의 『신학대전』을 저술하였다. 그는 먼저 한 물음을 제기함으로써 각 논제에 대한 그의 고찰을 시작하였다. 그리고 이 문제에 대하여 어떤 입장에서 대답

한 한 무리의 권위자들의 글을 싣고 한편은 이와 반대의 입장을 취하는 다른 권위자들의 글을 실었다. 이렇게 그 문제에 대한 일종의 예비적 검토로서 여러 권위자들의 글을 인용하고 난 후에, 비로소 그는 그 자신의 입장을 전개하였고, 또 자기와 생각이 다른 권위자들을 논박하였다. 스콜라 철학자들이 권위에 대해 논하는 것은, 그들의 경박한 믿음이나 유치함을 드러내는 것이라기보다 오히려 지적으로 성숙하다는 것에 대한 반증이다.

토마스의 생애

토마스의 인생 역정

토마스는 1225년 초 또는 1224년 말 아퀴노 지방의 로카세카(Roccasecca)에서 이곳의 군주였던 란둘프(Landulf) 백작의 아들로 태어났다. 그가 태어난 곳인 로카세카는 나폴리 지방에서 약 30km 떨어진 작은 도시이다.

우선 토마스가 태어난 당시의 교회와 세속적인 권력 사이의 관계를 간략히 살펴보기로 하자. 왜냐하면 이 당시의 시대 상황을 어느 정도 아는 것이 토마스가 왜 그 가족에 의해 베네딕토 수도원에 보내졌는지를 이해하는 데 도움이 될 것이기 때문이다. 이 당시 호노리우스 3세(Honorius III, 1216~1227)는 교회와 세속에서 이노첸트 3세의 명망을 다시 세웠고, 프리드리히 2세(Friedrich II, 1215~1250)는 독일에서부터 시칠리아에 이르기까지의 그리스도교 왕국을 지배하고 있었다. 프랑스에서는 루드비히(Ludwig) 9세가 집권했다. 이때는 툴르즈(Toulouse) 지방의 레이몬드(Raimund) 7세에 반대하는 십자군 전쟁이 시작된 때이다. 토마스의 아버지는 그 지방의 국지적인 싸움과 제국의 정치적 싸움에 휩싸여 있던 사람이었다. 토마스는 그의 부모에 의해 5살에 이미 수도자 지원생으로 몬테 카씨노(Monte Cassino)에 있는 베네딕토 수도회에 보내졌다. 이 수도회는 그 당시 큰 권력을 갖고 있었다. 몬테 카씨노 수도원은 교회 국가와 세속 왕국인 시칠리아의 경계에 있었다. 교회 세력과 세속적인 세력 사이의 분쟁이 다시 심화된 후 프리드리히 2세가 이탈리아로 다시 쳐들어왔고, 그는 교황 그레고리우스 9세와의 대립 때문에 이곳에 있는 수도사와 학생들을 추방했다. 토마스는 어쩔 수 없이 베네딕토 수도원을 떠나야 했다.

토마스는 나폴리 대학으로 가는데, 이 대학은 프리드리히 2세가 교황청 대학인 볼로냐(Bologna) 대학에 맞서서 경쟁적으로 설립한 대학이다. 이탈리아에 있는 볼로냐 대학은 현존하는 세계의 대학 중에서 가장 오래된 대학이다. 이 대학의 졸업생 중 유명한 사람으로는 『신곡』의 작가 단테(Dante Alighieri, 1265~1321), 시인이며 인문주의자인 페트라르카(Francesco Petrarca, 1304~1374), 그리고 이탈리아 르네상스의 가장 유명한 대표자인 탓소(Torquato Tasso, 1544~1595) 등이 있다. 토마스는 대학에서 논리학과 아리스토텔레스의 자연 철학을 배웠으며 또한 도미니코 수도회를 알게 되었다. 그는 나폴리 대학에서 5년간의 학업을 마친 후 곧바로 19살의 나이로 '새로운' 수도회, 즉 도미니코회에 입단한다. 내가 여기에서 '새로운'이라고 쓴 이유는, 비록 그가 정치적인 이유로 수도원을 떠나야 했지만 그는, 어쨌든 그가 수도원에 들어가야 한다면, 베네딕토회의 수사가 되어야 했기 때문이다. 또한 도미니코회는 이때 창설된 지 채 30년도 되지 않은 수도회였다. 그럼에도 불구하고 도미니코회는 특히 대학 도시들에서 상당히 융성하고 있었다. 토마스도 나폴리에서 막 부흥하기 시작한 도미니코 수도회를 접해보았고 이 수도회에 상당히 매력을 느꼈었다. 그러나 그가 도미니코회에 입단한 것이 가족에게는 반항으로 여겨졌고, 따라서 그의 가족의 반대는 상당했다.

결국 같은 수도회의 수사와 함께 파리로 가는 도중 토마스는 가족들의 치밀한 계획에 의해 그의 형에 의해 납치되어 가문(家門)의 성(城)에 감금되었다. 몬테 생 지오바니(Monte San Giovanni) 성에서 체류한 뒤, 그는 고향인 로카세카로 옮겨졌다. 이것은 물론 엄밀한 의미에서의 감금은 아니었지만 어쨌든 그는 집에 갇혀 지내야 하는 신세가 되었다. 이런 감금 상태는 1년 정도 계속되었으나, 토마스는 뜻을 굽히지 않았다. 결국 그의 가족은 그의 뜻이 확고함을 알게 되었다. 그는 1245년 6월 또는 7월에 감금 상태에서 풀려나 나폴리로 가서 마침내 원하던 수도회에 입단했고, 이어 파리로 향했다.

이로써 마침내 그의 파리 생활이 시작된다. 이것은 중세의 한 획을 긋는 위대한 신학자이자 철학자인 토마스의 제2의 생이 시작되는 순간이기도 하다. 현재 파리 대학의 전신인 소르본느 대학은 12세기 중반에 건립되었다. 주교좌 성당의 참사원인 소르본느(Robert de Sorbonne)가 가난한 신학생들을 위한 기숙사 학교를 세운 것이 이 대학의 출발이며 대학의 이름도 그의 이름에서 유래한다. 파리 대학은 1200년경 대학 중의 대학이 되었다. 13세기에는 신학과(神學科), 의학과(醫學科), 교회법학과(教會法學科) 그리고 인문학과(人文學科)가 있었다.

파리에서 토마스는 정신적인 삶을 위한 최고의 도시를 발견했을 뿐만 아니라 그의 사유 안에 하나의 길을 열어준, 그리고 그의 연구의 기반을 닦아준 한 사람을 만나게 된다. 쾰른(Köln) 출신의 알베르투스 마그누스(Albertus Magnus)가 바로 그 사람이다. 토마스는 1245년 가을 그 당시 신학부의 교수였던 대 알베르투스(마그누스란 크다는 뜻이므로 알베르투스는 대 알베르투스라고도 불린다)의 제자가 된다. 그는 1245년부터 1248년까지 파리 대학에서 공부했다. 그 후 1248년 그의 스승 대 알베르투스를 따라 쾰른으로 가서 1252년까지 그곳에 머문다. 1252년 다시 파리로 되돌아오는데, 이곳에서 강사로 일하면서 교수 자격을 취득하기 위한 준비를 하기 위해서였다. 1256년 교수 자격을 획득하고 도미니코 수도회의 학교에서 1259년 6월까지 강의했다. 1259년에 그는 이탈리아로 되돌아간다. 1259년부터 1261년까지는 아나그니(Anagni)에, 1261년부터 1265년까지는 오르비에토(Orvieto)에, 1265년부터 1267년까지는 로마에 있는 성(聖) 사비나 수도원에, 그리고 다시 클레멘스 4세에 의해 비테르보(Viterbo)에 있는 주교청으로 소환되었다. 1269년부터 1272년까지 파리에서의 생활은 그의 생에서 가장 바쁘게 보낸 시간이었다. 그레고리우스 10세의 명에 따라 1274년 리옹에서 열리는 공의회에 참석하기 위해 가는 도중 병이 든 그는 1274년 3월 7일 나폴리와 로마 사이에 있는 포사 노바(Fossa Nova)의 시토 수도원에서 사망했다.

지금까지 살펴보았듯이 사실 토마스의 인생 경력은 너무나 단순해서 이것을 읽는 것은 지루할 것이다. 그러나 그는 다만 나폴리, 파리, 로마 교황청, 다시 파리, 나폴리로 이어지는 장소 이동만을 한 것은 아니다. 외적으로 서술되는 그의 생이 이렇게 단순해 보이는 반면, 그리고 물론 오직 대학에서의 강의, 저작, 그리고 간간이 있었던 신학적 문제와 관련된 논쟁과 신학적인 교리 변호 등이 그의 생의 대부분을 차지하기는 해도, 그는 자신의 저술에서 상당히 많은 분야를 다루었다. 게다가 그의 저작이 후대에 미친 영향 또한 지대했다. 그가 학생이었을 때 그의 친구들은 그를 '말 없는 황소'라는 별명으로 불렀다. 이는 그의 머리가 컸기 때문이기도 했지만, 그의 정신적인 능력을 의미한 것이기도 했다. 그의 스승인 대 알베르투스는 "언젠가는 이 황소가 그의 울음으로 전 유럽을 뒤흔들 것"이라고 했다고 전해진다. 그리고 이 예언과도 같은 말은 사실이 되었다. 더 나아가 그는 전 유럽을 흔들었을 뿐만 아니라 현재는 전 세계적으로 신학에서뿐만 아니라 철학에서도 사상가 중의 사상가로 간주되며 여전히 큰 영향을 미치고 있다.

천사 박사라는 칭호의 유래

'말 없는 황소'라는 별명 이외에 그의 또 다른 칭호인 '천사 박사'라는 호칭의 기원을 살펴보자. 토마스에게는 전설과 같은 두 가지의 이야기가 전해진다. 그 중 하나는 다음과 같다. 그가 가족들의 반대를 무릅쓰고 도미니코회에 입단하려고 했을 때, 그래서 결과적으로 가족들에 의해 납치되어 가문의 성에 감금되어 있던 때 가족들은 그의 방에 매우 아름다운 여자를 들여보내 그를 유혹하려고 시도한다. 그리고 그가 유혹에 굴복하게 된다면 이것을 도미니코 수도회에 입단하려는 그의 의지를 꺾는 빌미로 삼으려고 했다. 그렇다고 가족들이 토마스가 결혼하기를 원했던 것 같지는 않다. 어쨌든 그는 방에 있던 난로에서 꺼낸 불붙은 장작을 그녀에게 던짐으로써 그녀를 방에서 쫓아낸다. 그리고 그는 불에 탄 장작으로 벽에 십자고상을 그려 놓은 후 잠자리에 들었다. 그리고 그가 잠들었을 때, 두 명의 천사가 그에게 나타나서 그의 허리에 순결의 허리띠를 매어주었다고 한다. 믿거나 말거나 할 이 이야기는 그에 대해 일반적으로 전해지는 이야기이며 그 당시에는 상당한 설득력과 신빙성을 지녔었던 것 같다. 왜냐하면 토마스의 별칭인 '천사 박사'는 이 사건에서 유래하기 때문이다. 이 사건으로 미루어 볼 때 토마스는 여자에 대해 그리 호의적인 생각을 갖고 있던 것 같지는 않다.

또 다른 이야기는 그가 말년에 경험한 하나의 신비한 환상에 관한 것인데, 이 일은 1273년 12월 6일, 그가 미사를 집전하는 중에 일어났다. 혹자는 이것을 환상이나 신비적 경험이라고 해석하고, 혹자는 신경 쇠약증이라고 해석한다. 이 경험 이후로 토마스는 더 이상 한 자(字)도 기술하지 않았다. 그의 『신학대전』의 3부는 물음 90에서 중단된다. 저술 작업을 계속하기를 촉구하는 비서에게 그는 이렇게 말했다고 한다. "난 더 이상 할 수 없다. 내가 지금까지 쓴 모든 것은 마치 지푸라기처럼 보인다." 그러나 그가 체험한 이 신비적 경험에서 그가 무엇을 보았으며 무엇을 경험했는지는 알려지지 않고 있으며 그는 이 사건 3개월 후에 서거한다.

비록 그가 자신의 작품을 아무 가치가 없는 것이라고 말했지만 그의 저술과 그것에 포함되어 있는 사상은 결코 '아무것도 아닌 것' 또는 그의 표현대로 그저 '지푸라기'처럼 보이는 것은 아니다. 또한 논의된 주제가 광범위하다고 해서 사상의 깊이가 없는 것도 아니다. 그의 논의의 주제는 상당히 포괄적이며 그 내용은 무척 심오하다.

『신학대전』의 구조

토마스는 참으로 많은 저서를 남겼는데, 그 중에서도 『신학대전』과 『대이교도대전』은 백미라고 할 수 있다. 여기에서는 『신학대전』의 체계를 간략히 분석해 보기로 한다.

이 작품은 독자들을 위한 머리말, 신학의 본질에 관한 논의, 신의 실존에 대한 증명들, 그리고 삼위일체와 은총이라는 더 높은 세계로 인도하는 신적인 존재에 대한 고찰과 함께 시작된다. 머리말은 이 작품이 "그리스도교에 속하는 것들을 초심자 교육에 적합한 방식으로" 제시할 것임을 밝히고 있다.

『신학대전』의 1부의 주제는 하느님으로부터 외부의 다양한 존재자들로, 그리고 창조의 정점인 인간 인격으로 움직인다. 인간은 하느님의 모상으로 존재한다. 2부는 삶의 여정과 특별한 생명력에 의해서 가능하게 된 운명으로 이끄는 여정에 초점을 맞추어 인간의 인격성을 고찰하고 있다. 2부 1편에서는 신의 은총의 도움이 서술되고 2편에서는 인간의 인격성과 신의 은총이라는 두 원리를 하나로 모으고 있다. 여기에서 상술되는 은총의 틀을 이루는 것은 믿음, 소망, 사랑이라는 세 가지 덕과 현명함, 정의, 절제, 용기라는 네 가지 윤리적인 덕이다. 3부는 예수 그리스도를 인생 여정의 표본으로 제시하고 있다. 예수의 삶과 죽음, 특히 부활과 같이 그리스도인의 삶도 죽음을 넘어 부활과 지복지관(至福直觀)으로서의 은총을 발견한다는 것이다. 그러나 이 3부는 미완성으로 남아있다.

행복의 문제

우리의 삶과 가장 긴밀한 관계를 맺고 있는 문제, 즉 윤리적인 문제와 관련해서 우리는 토마스의 사상 중 인간의 의지와 행위에 관한 문제를 언급할 수 있다. 따라서 아래에서는 인간이라면 누구나 원하는 행복 그리고 인간의 의도와 이 의도의 실현이라고 할 수 있는 외적으로 드러난 행동, 그리고 이 행위가 객관적으로 나쁜 행위로 평가될 때, 이 나쁜 행위들의 원인이 되는 것은 무엇인가가 서술될 것이다. 또한 윤리적인 문제란 언제나 피조물인 인간과 관계있는 문제이기 때문에 인간의 창조자인 신에 대한 존재 증명과 창조자인 신에 의한 이 세상의 창조와 악에 대한 물음이 간략히 언급될 것이다.

행복

행복은 인간이라면 누구나 공통적으로 원하는 것이다. 물론 행복에 대한 가치 기준은 사람마다 조금씩 다르다고 해도 말이다. 따라서 여기에서는 먼저 행복이란 무엇인지를 서술하려고 한다.

우리가 어떤 것을 선택할 때 우리는 그것이 어쨌든 우리에게 긍정적으로 작용하기를 원한다. 그리고 어쩌면 우리는 요즘 흔히들 말하는 인생 역전을 가져다줄 대박까지는 원하지 않는다고 해도 어떤 식으로든 우리 생활을 윤택하게 할 어떤 것을 택할 것이다. 즉, 우리는 우리에게 행복을 가져다주는 것을 선택한다.

교육을 받은 사람이건 그렇지 않은 사람이건, 지위가 높건 낮건 모든 사람은 행복을 원한다. 그리고 우리 인간은 모두 행복할 권리가 있다. 행복은 부(富)나 어떤 것을 소유하는 것에 있기도 하겠지만 그것은 궁극적으로 인간의 영혼에 놓여 있다. 따라서 우리는 행복과 불행은 영혼에 속한다고 말할 수 있다. 고대의 위대한 철학자 헤라클레이토스는 이런 의미에서 다음과 같이 말한다. "만약 행복이 육체를 즐겁게 하는 것이라면, 우리는 완두콩을 먹이로 갖고 있는 황소가 행복하다고 말해야 할 것이다." 또한 세네카는 그의 저서 『행복한 삶에 대하여』의 첫 문장을 이렇게 시작한다. "모든 사람은 행복하게 살기를 원한다. 그러나 인생을 행복하게 하는 것이 무엇인가를 인식하기에 그들은 모두 눈먼 사람들이다."

플라톤의 대화편『고르기아스』중 소크라테스와 폴로스와의 대화에서는 부정이나 불의를 행하는 것이 부정이나 불의를 당하는 것보다 나쁘다는 주제가 중심축이다. 그리고 이 맥락에서 "나는 어떻게 살아야 하는가?" 하는 물음이 실천 철학의 영역에서 플라톤에 의해 최초로 제기된 물음 중의 하나이다. 일반적으로 우리는 올바른 영혼을 가진 정의로운 사람은 올바른 방식으로 자신들의 삶을 영위하며 따라서 이들은 행복하고, 옳지 않은 방식으로 삶을 영위하는 사람들은 행복하지 않은, 불행한 사람이라고 생각한다. 그런데 이 세상에 있는 악한 것은 결코 근절될 수 없으므로 철학자는 그가 할 수 있는 한 빨리 '이곳에서' '저곳으로', 즉 현세에서 피안으로 도망가야 한다. 이러한 도주는 신과의 동화(同化)이며, 이 동화는 자신의 고유한 이성적 통찰로 인해 가능한 한 정당하고 성스럽게 된다는 것이다.

아리스토텔레스는 운명의 부침(浮沈)이 인간의 행복을 얼마만큼 손상시킬 수 있는가 하는 문제를 다룬다. 그는 "우리는 누군가가 이미 그의 인생을 마쳤을 때에만 그가 행복하다고 말할 수 있다"는 솔론의 파라독스를 인용하는데, 이것에 대해서 우리는 이렇게 물을 수 있다. "우리가 솔론의 이 파라독스를 받아들인다면 누군가는 그가 죽었을 때에만 행복한가?" 그리고 아리스토텔레스는 인간의 선에 미치는 운명의 영향에 대해 논의하면서 "그들에게 운명이 항상 호의를 베푸는 저 위대한 사람들은 축복받은 사람들이고 복되다. 그러나 다만 인간으로서 복될 뿐이다"라고 말한다.

'우리는 살아가면서 언제 완전히 분명하게 행복하다고 할 수 있는가'라는 물음과 관련해서 솔론의 딜레마는 '우리가 살아 있는 동안 이 삶에서 우리는 우리의 목적에, 즉 완전한 행복에 도달할 수 있는가' 하는 물음을 던지게 한다. 그러나 토마스의 사상을 생각해보면 어느 정도 솔론의 생각과 일치하는 점을 발견할 수 있다. 토마스에 따르면 우리는 이 세상에서 결코 행복에 도달할 수 없기 때문이다. 아리스토텔레스는 사자(死者)를 행복하다고 부르지 않는다. 왜냐하면 행복이란 그것의 본질에 따라 생각될 때 행동하는 것에 있는데, 사자는 더 이상 어떤 행동을 할 수 없기 때문이다.

행복한 한스(Hans)

플라톤이 던지고 있는 질문인 "나는 어떻게 살아야하는가?"에 대해 우리는 스스로 답할 수 있어야 한다. 나는 마치 파도타기를 하듯이 시대의 흐름에 나를 그저 내맡긴 채 살 것인가? 아니면 나 자신의 개성을 유지하며 살 것인가?

위에서 언급했듯이 우리는 모두 행복하기를 원하며 이것은 우리에게 주어진 가장 평등한 권리 중의 하나이다. 어느 서점에서 검색을 해 본 결과(2004년 1월 24일) '행복'이란 낱말이 들어간 책은 모두 835권(약 1년 전에는 530권)이었다. '부자'란 검색어 아래에서는 321권(약 1년 전에는 129권), '돈'이란 검색어 아래에서는 816권(약 1년 전에는 177권), '성공'이란 검색어 아래에서는 1,139권(약 1년 전에는 836권), '권력'이란 검색어 아래에서는 106권(약 1년 전에는 102권), '결혼'이란 검색어 아래에서는 219권(약 1년 전에는 172권, 『백만장자와 결혼하는 법』이란 책도 있었다)이 검색되었다. 또 이들 모두를 무색케 할 정도로 '사랑'이란 검색어 아래에서는 모두 3,097권(약 1년 전에는 1,860권)이 검색되었다. 내가 검색한 단어들인 부자, 돈, 성공, 권력, 결혼 그리고 사랑 등은 어떤 식으로든 행복과 관계있다. 그러나 이런 모든 것들을 차치하더라도 행복이란 주제로 835권의 책이 발행되었다는 것은 많은 사람이 어떤 방식으로든, 어떤 종류의 행복이든 행복을 원한다는 것을 반영하고 있다. 그렇다면 그 행복이란 것은 도대체 무엇일까?

행복과 관계있는 최초의 철학자는 언제 그리고 어디에서 살았을까? 이 물음은 사실 무척 답변하기 어려운 물음이다. 그렇지만 우리는 이 철학자의 이름을 일단 '한스'라고 부르기로 하자. 그리고 더 구체적으로 '행복한 한스'라고 불러보자. 이 이름은 독일의 유명한 동화 작가인 그림(Grimm) 형제의 동화에 나오는 주인공 이름이다.

이 이야기의 주인공인 한스는 어떤 사람의 밑에서 7년을 일했다. 왜 굳이 7년이라고 했는지는 모르겠지만, 그리고 이 이야기에서 7년이란 햇수가 그리 중요하지 않을 수도 있겠지만 그래도 한 번쯤 짚고 넘어가고 싶은 부분이다. 하느님께서 세상을 창조하실 때 6일 일하시고 7일째 휴식하셨으며, 성서에 나오는 야곱은 장가들기 위해 7년씩 두 번 외삼촌 집에서 일했다. 7이란 숫자는 어떤 의미에서는 완결, 완전함, 휴식 등을 의미하는 것 같다.

어쨌든 우리의 이야기의 주인공인 한스도 7년 동안 일한 후 자기 어머니가 계신 집으로 돌아가기로 했다. 그의 주인은 그가 아주 부지런히 일했기 때문에 그 대가로 그에게 금덩어리를 준다. 이 금덩어리는 그의 머리만큼 큰 것이었다 (그의 머리가 얼마나 컸는지는 모르지만!). 그는 이 보물을 헝겊으로 잘 싸서 자기 어깨 위에 둘러메고 길을 떠난다. 그는 무척 행복했다.

그런데 길을 가는 동안 이 금덩어리는 그의 어깨를 짓누르면서 점점 그에게 고통을 주었다. 그는 이 금덩어리에 더 이상 만족하지 않았다. 그때 한스는 말을 타고 오는 기사(騎士)를 만났다. 말이란 얼마나 훌륭한 것인가! 말이 있다면 난 더 이상 걸을 필요가 없지 않은가? 난 그냥 말 등 위에 앉아 있기만 하면 되고, 뾰족한 돌에 발부리를 부딪칠 이유도 없고 또 내 신발도 닳지 않을 것이다. 한스는 금덩어리와 말을 바꾸었다. 그리고 그는 무척 행복했다. 그는 갑자기 악마에 홀려버린 것처럼 황홀했다. 그러나 그가 말에 박차를 가했을 때 말은 그를 땅바닥에 내던져버렸다. 그는 이제 말에 만족하지 않았다. 그때 한스는 젖소를 몰고 오는 농부를 만났다. 젖소란 얼마나 훌륭한 동물이냐! 난 편안하고 느긋하게 젖소를 몰고 산책을 즐길 수 있지 않은가! 더군다나 난 우유와 버터와 치즈를 얻을 수도 있다. 한스는 말과 젖소를 맞바꾸었다. 그리고 그는 무척 행복했다.

그동안 날씨는 아주 무더워졌다. 침이 마를 정도로 더운 날이 계속되었다. 그런데 한스에게는 젖소가 있었다. 그는 소를 나무에 매어놓고 자기의 가죽 모자를 소의 젖에 갖다대었다. 그런데 단 한 방울의 우유도 나오지 않는 것이 아닌가. 그뿐인가. 그 망할 놈의 젖소는 심기가 아주 사나워져서 뒷발로 한스의 머리를 걷어차 버리는 것이 아닌가. 한스는 한순간 자기가 어디에 있는지도 모를 정도로 머리에서 별들이 왔다 갔다 하는 것 같은 기분이 들었다. 그는 이제 젖소를 보기도 싫었다.

길을 떠난 그는 새끼 돼지를 몰고 오는 남자를 만났다. 돼지란 놈은 얼마나 근사한가! 젖소고기보다 돼지고기가 훨씬 맛있지 않은가. 게다가 돼지 순대의 맛이란! 그는 소와 돼지를 바꾸었고 무척 행복했다.

길을 떠난 한스는 거위를 보았다. 그는 이 거위의 깨끗한 털에 반했다. 더욱이 그동안 그가 들은 바로는 이 돼지는 옆 도시 시장이 도둑맞은 돼지라고 하지 않는가. 그래서 한스는 이 돼지에 더 이상 만족하지 못했다. 그는 거위를 보는 순간 벌써 거위 구이와, 거위의 털로 속을 채운 푹신푹신한 거위 털베개를 머릿 속에서 상상하고 있었다. "내가 위험을 감수하면서까지 이 돼지 새끼를 끌고 다닐 이유가 없지 않은가." 그는 이 위험천만한 돼지를 희망을 실현해 줄 거위와 바꾸었다. 그리고 그는 무척 행복했다.

그는 이제 고향 마을로 들어가는 입구에 들어섰다. 그는 아주 즐거운 표정으로 가위를 가는 사람을 보았다. 그 남자는 기술이 재산이기 때문에 아주 행복하다고 했다. 한스는 거위에 더 이상 만족하지 않았기 때문에 거위를 숫돌 두 개와 맞바꾸었다. 그리고 그는 무척 행복했다. 그런데 걸어가는 동안 그 돌들은 점점 무거워졌고 더욱이 그는 이제 심한 갈증까지 느꼈다. 그는 이제 숫돌에도 싫증이 났다. 그는 마침내 우물을 발견했다. 그는 우물의 가장자리에 자기 재산을 놓고는 물을 마시기 위해 몸을 숙였다. 그런데 그의 섣부른 동작으로 그는 돌들을 우물에 빠뜨리고 말았다. 그는 매우 행복했다. 그리고 무릎을 꿇고 하느님께 감사의 기도를 드렸다. 그리고 중얼거렸다. "난 행운아다. 언제나 무슨 일이든 잘못되려는 순간 나를 이끌어주는 올바른 것을 만나지 않는가!"

그는 아주 가벼운 마음으로, 모든 짐에서 해방되어 기쁘게 집으로 돌아왔다. 우연인지 모르지만 한스는 7번 행복했다고 되어 있다.

우리를 행복하게 하는 것은 무엇인가? 멋있는 옷인가? 근사한 차인가? 넓고 잘 꾸며진 집인가? 아니면 순간적으로 우리의 미각을 자극시키는 맛난 음식인가? 주체할 수 없이 많은 돈인가? 우리를 행복하게 하는 것은 결코 어떤 물질일 수 없다. 우리 스스로 만약 어떤 물질로 인해 행복하다고 느낀다면 우리는 우리 자신을 그 물질의 노예로 만드는 비참한 결과를 초래하는 것이 아닌가? 중요한 것은 자족하는 것이다. 자족하는 것을 배우는 것이다. 그래서 마치 한스처럼 모든 짐에서 자유로워졌을 때 행복하다고 느낄 수 있게 되어야 한다. 우리의 내면에서 흘러나오는 것만이 정확하고 확실하다.

지복

지복(至福)에 대한 아리스토텔레스의 이론은 그가 인간의 최고의 선을 다만 인간 본성의 틀과 한계 내에서 생각한다는 점에서 토마스의 이론과 결정적으로 구분된다. 아리스토텔레스가 규정하는 인간의 최종적인 목적은 지복이라고 일컬어질 수 없고 다만 지복에 참여하는 것이라고 불릴 수 있는 것이다. 그러나 이것은 인간의 정신적인 본성에 상응하는 욕구를 만족시키지는 못한다. 따라서 우리는 지복에 참여할 뿐만 아니라 언젠가 지복에 도달할 수 있다는 것을 설정해야 한다. 토마스는 인간의 최종적인 목적은 신을 인식하는 것이라고 하면서 모든 정신적인 실체의 최종적인 목표가 또한 지복이라고 지칭한다. 토마스는 지복을 분석하면서 인간은 이 세상의 순례자이기에 인간이 자신의 힘으로 얻을 수 있는 지복의 상태는 이 세상에서는 도달되지 않는다고 말한다.

지복은 최고의 선으로서 인간 행위 일반을 최종적으로 규정짓는 근거이다. 이 의미에서 행복은 원해지지 않을 수 없고 따라서 필연적으로 원해진다. 지복은 그것이 도달된다면 우리가 그것을 넘어서 어떤 것도 더 이상 원하지 않는 것이다. 지복은 인간이 어쨌든 도달하고 싶어 하는, 그리고 그 상태에서는 어떤 악도 존재할 수 없는 가장 완전한 상태이다. 토마스가 행복을 '완전한 선(bonum perfectum)'이라고 규정하기는 해도 행복은 상당히 더 많은 것을 뜻한다. 지복에 대한 인간의 환상은 그러나 장소가 없는, 유토피아적인 것이다. 따라서 이 이상(理想)에 따라 측정해 볼 때 현실적인 모든 행복은 부족한 것으로 드러난다. 그러나 그럼에도 불구하고 인간은 본성적으로 완전한 행복을 원한다. 이 행복은 그러나 현실적으로 다만 불완전하게 머무를 것이다. 인간의 행복은 따라서 완전한 것을 의미한다는 정의에 비추어 생각될 때 항상 제한적이며, 완전한 것이 아니다. 지복이 모든 면에서 선한 것으로 이해되어야 한다면 지복은 모든 악한 것을 배제해야 한다. 그러나 지상에서의 삶에서 악한 모든 것이 배제될 수는 없다. 따라서 이 세상에서 우리가 지복의 상태에 이른다는 것은 불가능하다.

지복은 외적으로 선한 것에 있지 않다

외적인 선들은 육체의 가장 좋은 상태를 유지하기 위해 인간이 필요로 하는 것이다. 그런데 우리에게 있어서는 육체보다 영혼이 더 중요하다. 바로 이런 사실을 근거로 볼 때 인간의 행복은 외적인 선에도 육체의 선에도 있을 수 없다. 일반적으로 외적인 선(bona exteriora)이라고 일컬어지는 것들이 있다. 외적인 선이란 다만 외부에서 인간에게 주어지는 선들이다. 이것들은 전통적으로 운명의 선함(bona fortunae)으로 지칭된다.

토마스의 저작인 『대이교도대전』에서는 부귀, 명예, 명성 그리고 권력 등과 같은 외적인 선함은 여러 가지 이유로 행복으로 고찰되지 않는다. 이에 대해서는 특히 『신학대전』의 I-II, 물음 2에서 언급된다. 물음 2의 1항에서 7항까지에서는 선들에 대해 철학적으로 연구된 반면, 8항에서는 신학적인 개념이 이용된다. 1항에서 7항까지에서는 선들이 철학적이고 실질적인 세 가지, 즉 외적인 선, 육체적인 선 그리고 영혼의 선으로 구분되고, 8항에서는 신학적인 뉘앙스를 갖는 창조된 선과 창조되지 않은 선으로 나누어진다. 아우구스티누스도 선을 세 가지로 나누었다. 그는 우리 육체의 외적인 것인 현상을 가장 하위의 선으로, 정신의 능력을 중간적인 가치를 갖는 선으로, 그리고 덕들을 최상의 선으로 구분했다. 우리 인간이 우리의 본질에 상응하는 것을 추구하고 이행함에 있어서 그 추구의 대상이 무엇인가에 대한 물음에 답변하기 위해서 토마스는 인간 행위의 모든 영역에서 우리가 보통, 일반적으로 좋은 것이라고 간주하는 선들을 모두 열거한다. 그것들은 외적인 선들, 육체의 선 그리고 영혼의 선이다.

『대이교도대전』에서 토마스는 아름다움, 건강함, 힘 그리고 육체적인 쾌락, 지각함 등과 같은 육체의 선함(bonum corporis)도 육체의 장점 또는 육체의 뛰어남으로 파악하지 않는다. 그는 육체적으로 좋은 것을 다만 '인간임을 유지하는 것'으로, 인간 실존의 단순한 지속으로 파악한다.

우선 지복은 육체적인 쾌락에 있지 않다는 것이 언급된 후에 개별적인 사례들이 귀납적 방식에 의해 논증된다. 육체적인 기쁨 중에서 중요한 것들은 식욕과 성적인 쾌락이다. 행위들은 직접적인 목적들에 향해 있다. 따라서 먹는 것은 육체의 보존에, 남녀간의 동침은 후손의 생산을 목표로 하고 있다. 따라서 방금 언급한 욕구들은 최종적인 목적도 아니고, 이 목적을 수반하는 것도 아니다. 결론적으로 행복은 감각적인 욕구들인 이러한 욕구들 안에 있을 수 없다. 더욱이 의지는 감각적인 욕구들의 위에 있으며 이들을 움직이는 것인데, 행복은 의지의 현실태에 있지 않다. 또한 행복은 인간에게 고유한 선함이다. 왜냐하면 우리는 행복이라는 용어를 동물에게는 사용하지 않기 때문이다.

그런데 위에서 언급된 식욕과 성욕은 인간과 동물에게 공통적인 것이며, 따라서 행복은 이런 욕구들에 놓여 있지 않다는 것이 다시 한번 확증된다. 더 나아가 좋은 것은 중용에 따라서 좋은 것이며, 그 자체로 좋은 것이라기보다는 오히려 중용으로 인해 선한 것이다. 따라서 이런 욕구들은 그것이 적합하게 사용될 때에만 인간에게 좋은 것이다. 그러므로 이 욕구들은 인간에게 그 자체로 좋은 것은 아니다. 왜냐하면 그 자체로 좋은 것은 다른 것에 의해 좋은 것보다 더 좋은 것이기 때문이며 최고선만이 그 자체로 좋은 것이기 때문이다. 그러므로 이 욕구들은 인간의 최고선, 즉 지복이 아니다. 더욱이 그것에 의해 인간이 신에 가장 접근할 수 있는 것을 우리는 인간의 최상의 목표로 가정해야 한다. 우리는 명상하는 중에 신에 접근한다. 그러나 위에서 언급된 욕구들은 감각적인 것들이기에 정신적인 것들과 구분되는 것이다.

의도

행복과 지복에 대한 논의는 이 정도로 끝내고 지금부터는 인간의 행위에 대해 살펴보자. 토마스는 인간의 행위를 분석할 때 '의도'라는 개념을 사용했다. 인간 행위의 문제에서는 의지와 지성의 작용에 대한 물음뿐만이 아니라, 인간의 의도와 행위의 결과에 대한 물음도 중요하다. 인간의 행위는 최종적인 목적에 따라서뿐만 아니라 행위자의 의도에 따라서 평가되어야 한다. 그렇다면 '의도'란 무엇일까? 의도는 후에 실현될 목적에 의식적으로 향하는 것이며 또한 목적한 것을 실현시키려고 하는 것이다. 예를 들면 우리가 건강을 원한다면 한편으로는 우리가 건강을 필요로 하기 때문이며, 다른 한편으로는 이 건강을 통해 다른 어떤 것을 이루려고 하기 때문이다. 이 경우 우리의 의지는 직·간접적으로 목적과 관계하고 있다. 예를 들어 환자가 비록 기꺼이 약을 복용하려고 하지 않으면서도 약을 복용한다면 그는 한편으로는 그의 직접적인 목적인 건강을 찾으려고 하며, 다른 한편으로는 그가 치유를 통해 어떤 다른 일을 할 수 있게 되기를 원하기 때문이다. 환자가 건강을 의식적으로 추구한다면 그는 치유에 도움이 되는 것이 무엇인가 숙고할 것이다. 그러나 환자가 자신의 숙고를 따르지 않을 수도 있다. 다시 말해서 의지는 무조건 사려를 따르지 않는다. 또한 결과는 의지가 본래 원했던 것과 다른 것일 수 있다. 여기에서 행위의 의도와 결과 사이의 관계에 대한 물음이 생긴다. 이 물음은 초기 스콜라 학파에 있어서 매우 논란이 많았던 물음이다. 이 물음은 죄가 의지 안에 있는가 또는 외적으로 드러나는 행위, 즉 외적인 행위에 있는가와 관계있다. 다시 말해서 죄가 의도에 있는가 또는 실질적인 의미에서 행동의 결과에 있는가와 관계있다. 우리가 한 행위를 다만 '순전히 이론적으로만' 판단한다면 행위의 악함은 외적인 행위에 있다. 그러나 악함(malum)은 사실 언제나 의지의 행위에, 즉 의도에 먼저 놓여 있다.

아벨라르두스와 마찬가지로 토마스도 도덕적으로 선한 행위와 악한 행위에 대해 언급할 때 우선 내적인 행위를 의미한다. 아벨라르두스에 따르면 외적인 행위는 저주받은 자나 선택된 자에게 있어서 똑같은 것을 의미할 수 있다. 외적인 행위는 그 자체로 가치중립적이며 의도에 의해서 비로소 선하거나 악한 것으로 될 수 있다. 아벨라르두스는 악한 행위를 알고 있었으나 그에게 있어서 외적인 현상은 행위에 대한 판단 기준이 아니다.

토마스가 "너는 네가 의도하는 대로 행한다(Quantum intendis, tantum facis)"는 것을 타당하다고 간주했다면, 아벨라르두스와 마찬가지로 토마스도 의도를 인간 행위의 도덕성의 기준으로 생각했다고 할 수 있다. 그러나 의도만이 선한 행위의 조건을 제시하는 것은 아니라는 것도 자명하다. 존재에 적합한 선함뿐만 아니라 종(種)에 따라서도 선한 행위가 있다면 '그들의 종에 따라서' 악한 행위도 있어야 한다. 그 자체로 악한, 따라서 어떤 선한 의도에 의해서도 선한 것으로 될 수 없는 행위들이 있다.

우리는 여기에서 아벨라르두스와 토마스의 이론을 포괄하고 있는 롬바르두스(Petrus Lombardus)의 이론을 소개하고자 한다. 롬바르두스는 주관적이고 객관적인 도덕성을 행위의 구성 요소로 간주한다. 그는 한편으로는 행위의 도덕적인 평가를 위해 오직 의도 내지 동의만을 끌어들이는 아벨라르두스의 이론과 거리를 두면서도, 또 한편으로는 완전히 아벨라르두스의 의미에서 주체의 편에 놓여 있는 자의적인 요소를 인간 행위의 도덕성을 규정하는 가장 중요한 근거로 파악한다. 롬바르두스도 그 자체로 선한 행위가 의도에 의해서 악해질 수 있다는 것을 알았다. 그러므로 롬바르두스는 절대적으로 악한 행위에서는 객관적이고 물질적인 요소가 주목되어야 한다고 생각하는 반면, 다른 모든 행위의 평가를 위해서는 행위자의 의도와 의지만으로도 충분하다고 생각한다. 롬바르두스에 따르면 수단의 선택도 의도의 구성 요소 자체이기 때문에 나쁜 수단에 의해 이행되는 선한 의도는 결코 선한 의도일 수 없다. 그러나 토마스는 아벨라르두스와 다른 의견을 제시하는데, 왜냐하면 인간의 행위에서는 행위의 대상, 목적 그리고 의도가 항상 함께 생각되어야 하기 때문이다. 내적인 행위, 즉 의도의 대상은 목적이다.

행위자의 주관적인 도덕성이 행위의 도덕성의 유일무이한 요소가 된다는 견해는 의도가 행위의 가장 중요한 요소를, 그리고 행위의 유일한 도덕적인 본질 요소를 구성한다는 결과를 낳는다. 아벨라르두스가 오직 내적인 행위만을, 즉 의도만을 인간 행위의 가장 중요한 요소로 간주한 반면 토마스는 두 가지 행위를, 즉 내적인 행위와 외적인 행위를 똑같이 중요한 것으로 고찰한다. 그러므로 행위는 도덕적으로 전혀 중요하지 않다는, 그리고 "죄나 보상은 의도에 동의할 때 이미 주어져 있다"는 아벨라르두스의 주장은 토마스의 관점에서 볼 때 틀린 주장이다. 내적인 행위의 대상은 목적이므로 의지의 작용의 성격은 목적으로부터 규정된다. 외적인 행위는 그 자체로 무한하게 많은 다양한 목적들에 정향될 수 있기 때문에 그것의 실제적인 목적이 주시되는 가운데 평가된다. 우리는 '산책하다' '자선을 베푼다' 등등에 대해 이야기한다. 그러나 우리는 이때 자선 행위가 동료 인간에 대한 관심과 애정에서 나온 것인지 또는 단순한 허영심의 결과인지를 구분해야 한다. 우리는 또한 인간의 의욕함인 내적인 행위와 특정한 외적인 행위가 인간의 행위에 적합한 행위자의 방식을 제시한다면 의욕함인 내적인 행위가 언제 적합한 방식으로 일어나는지, 그리고 특정한 외적인 행위가 그런 것으로서 선하다고 또는 악하다고 지칭될 수 있는지를 물을 수 있다. 토마스에 따르면 외적인 행위는 그 목적이 주시되는 가운데 선한 것, 악한 것, 그리고 가치중립적인 것으로 정의될 수 있다.

내적인 행위인 의도와 외적으로 드러나는 행동

내적인 행위, 즉 어떤 것을 원함(욕구함)은 행위가 구체적으로 이행되지 않는다고 해도 있을 수 있다. 그 반면 외적으로 드러나는 행동은 항상 내적인 행위에 의해 동반된다. 예를 들면 어떤 물건을 훔치기로 결심한 사람은 "어쩌면 절도를 위한 호기(好機)가 없었기 때문에" 절도를 범하지 못할 수도 있지만 절도를 하려는 욕구는 그의 안에 이미 있었다.

외적으로 드러나는 행위에서뿐만 아니라 내적인 행위에 있어서도 '좋은' 행위와 '나쁜' 행위는 본질적으로 다르다. 나쁜 의도가 의욕함의 근거라면 이때 행위에 대한 의지가 이미 나쁜 것이기 때문에, 이때 욕구는 좋은 욕구라고 평가될 수 없다. 예를 들면 다만 허영심으로 자선을 베푸는 사람은 그 자체로 좋은 일을 악한 동기에 따라 하는 것이다. 더욱이 일반적으로 선한 것으로 간주되는, 그리고 우선 선한 목적을 실현하려는 의도에 따라 이행된 행위는 이 의도를 실현하기 위해 사용된 수단이 나쁘다면 좋은 행위라고 간주될 수 없다. 따라서 의도도 이때 결코 선한 의도로 간주될 수 없다.

위에서 언급했듯이 우리 행위의 전체적인 도덕성은 결코 우리의 의도에만 종속되어 있지 않다. 누군가가 좋은 의도로 어떤 행동을 한다고 해도 결코 선한 것으로 될 수 없는 그 자체로 이미 나쁜 행위가 있다. 예를 들어서 도둑질은 그것이 가난한 사람들을 돕기 위한 것이었다고 해도 도둑질이며, 그 자체로 나쁜 것이다. 반면에 그 자체로 선한 행동이 나쁜 의도 때문에 그 선함을 상실할 수도 있다. 따라서 선할 수 있는 방식은 단 하나이다. 그것은 이성을 따르는 것이다. 그러나 악할 수 있는 방식은 여러 가지인데, 그 이유는 우리 인간은 다양한 방식으로 선에서 돌아설 수 있기 때문이다.

행위의 종류와 상황과 최종적인 의도의 관계는 특이한 비대칭의 성격을 갖는다. 토마스는 디오니시우스 아레오파기타의 진술을 언급하는데, 이 진술에 따르면 선은 결함 없는 완전한 원인에, 악은 단 하나의 결함에 근거하고 있다. 슈페만(Spaemann)은 의도와 이행 사이의 관계를 '비대칭(Asymmetrie)'이라고 지칭했는데 그의 지적은 이 관점에서 옳다. 본래 선한 행동이 특수한 상황에 의해 또는 행위자의 나쁜 의도에 의해 타락할 수 있는데, 본래 그 자체로 나쁜 행위(actus intrinsice mali)는 의도와 상황에 의해서도 선한 행위로 될 수 없다는 것이 바로 비대칭이라고 지칭되는 상황이다.

위에서 서술되었듯이 만약 어떤 행위를 하려는 의도 또는 원해진 행위가 나쁘다면 외적으로 드러난 행위도 나쁘다. 그러나 의도가 선하다는 것이 행위가 선하다는 것을 보장해 주지는 않는다. 왜냐하면 토마스에 따르면 행위를 위한 수단 역시 행위를 판단하는 데 중요한 판단 기준이기 때문이다. 보편적으로 선한 것으로 간주되는, 그리고 우선은 좋은 목적을 실행하려는 의도에서 나온 행동은 이 의도를 실행하기 위해 사용된 수단이 나빴다면 나쁜 행동이다. 따라서 이때의 의도 역시 결코 선한 의도로 간주될 수 없다. 예를 들면 가난한 사람을 돕기 위해 도둑질을 하겠다는 의도는 자선을 베풀기 위해 사용된 수단이 잘못 선택되었기 때문에 나쁜 것이고, 따라서 전체 행동 역시 도덕적으로 나쁜 것이 될 것이다. 따라서 가난한 사람들에게 자선을 베풀기 위해 절도를 하려는 의도는 허용되지 않은 방식이 선택되었기에 다만 '가상적으로' 선할 뿐, 실제로는 도덕적으로 악하며 이로써 전체 행위도 악한 것으로 규정된다. 간단히 말해서 토마스는 행위를 위한 수단과 이행 역시 의도 못지않게 중요한 것으로 본다. 행위에서는 외적인 행위보다 행위자의 의도가 더 결정적이기 때문에 하나의 구체적인 행위의 도덕성을 평가하기 위해서는 무엇보다도 그 행위의 의도가 고려되어야 한다.

이 맥락에서 우리는 다음과 같은 질문을 제기할 수 있다. 행위의 목적은 임의적인 부작용을 감수하는 것을 정당화하는가? 이 물음은 '목적이 수단을 정당화하는가'라는 이미 잘 알려진 물음과 일치하지는 않는다. 수단은 어쩔 수 없이 덤으로 받아들여져서는 안 된다. 우리는 불치의 병을 앓고 있는 환자에게 그의 생명을 단축하려는 의도에서 어떤 조치를 취할 수 있다. 또는 부와 명예를 얻기 위해 파렴치한 행동을 자행할 수도 있다. 또는 테러나 공중 폭격이 일반 주택들을 파괴할 수도 있다. 그러나 이 일반 주택들이 또한 무시무시한 폭탄 투하의 직접적인 공격 대상이 될 수도 있다. 이때에는 '목적을 위한 수단에 따른 행위'가 논의의 주제이다. 가치 평가에 대한 기준은 오직 주체의 의도에서 찾아질 수 있다. 외적인 사건으로서의 행위가 아니라, 오직 주체의 의도만이 주요 결과와 부수적인 결과 사이의 차이를 만들어내는 것이다.

신론

신에 대한 그리스 자연 철학자들의 사상

인간의 의도와 행위의 결과에 대한 논의는 이로써 끝내고 지금부터는 신의 창조에 대해 논의해보려고 한다.

창조자 신에 대한 존재 증명은 서구 철학의 시초라고 할 수 있는 그리스의 자연 철학자들에게서는 발견되지 않는다. 따라서 그들에게는 '신적인 것' 또는 '신들'이라는 개념은 있었지만, 그리스도교에서 신앙되는 유일신 또는 창조자로서의 신, 창조에 대한 개념은 없었다. 왜냐하면 그리스의 자연 철학자들에 의하면 무(無)에서 어떤 것이 생성될 수 있다는 것은 불가능하기 때문이다. 그들의 사유에 따르면 무에서는 무만이 나올 뿐이다(ex nihilo nihil fit). 따라서 그들에게는 무로부터의 창조라는 개념이 없었다. 보통 소크라테스 이전의 철학자들이라고 일컬어지는 그리스의 자연 철학자들은 우리를 둘러싸고 있는 자연 현상 가운데에서 만물의 근원을 찾았고, 따라서 신적인 것이 자연 현상 가운데 현전하고 있다고 생각했다. 그들에게 있어서 신적인 것이란 의인화된, 힘있는 것들이었다. 그래서 예를 들면 탈레스는 물을 만물의 근원으로 생각했으며, 또한 신은 때로는 물리적인 빛 또는 빛을 부여하는 불과 동일시되기도 했다. 여기에서 우리는 헤라클레이토스를 생각하지 않을 수 없다. 그는 원초적인 불 안에서 세상의 원리를 보았다. 헤라클레이토스가 불을 만물의 근원이 되는 물질이라고 말한 이래 희랍 철학에 있어서 불은 물질 가운데에서 각별한 위치를 차지하게 되었다. 헤라클레이토스는 신들과 인간 사이를 매개하는 매개체인 영물(靈物), 즉 'Daimon'에 대해서도 언급하고 있다. 위대하고 진지한 철학자의 모습을 상상하고 그를 방문한 방문객들은 화덕에 쭈그리고 앉아있는 헤라클레이토스의 모습을 발견하고 놀랐다. 그는 이들에게 "여기에도 신들이 있다"고 말했다고 전해진다. 그는 이로써 인간은 그가 인간인 한, 신(Daimon)의 가까이에서 산다는 것을, 더 나아가 신은 모든 곳에 현전하고 있다는 것을 말하고자 했을 것이다.

우리는 철학의 영역에서뿐만 아니라 신학의 영역에서도 이런 사상을 볼 수 있는데, 이런 사상은 특히 구약 성서에서 보여진다. 예컨대 신이 인간에게 자신을 드러낼 때, 그 앞에서 놀라서 떨고 있는 사람이 견디기 힘든 빛은 신의 현현(顯現)에서 가장 인상적인 요소이다. 이 빛은 인간에게 때로는 놀라운 것으로, 때로는 매력적인 것으로, 때로는 인간을 구제하는 것으로 작용한다. 자신을 드러내는 신의 당당함은 두려운 것이다. 불길 가운데 자신을 드러내는 신의 현현과 그 앞에서 느끼는 인간의 두려움에 대하여 구약 성서에 서술되어 있는 중요한 부분으로 우리는 「신명기」 5장 4-5절인 "야훼께서는 그 산 위 불길 속에서 너희와 서로 얼굴을 마주보면서 말씀하셨다. 그때 너희가 불길이 무서워 산으로 올라가지 못하였으므로 ……"와 「출애굽기」 3장 2-6절을 들 수 있다. 빛은 이때 계시의 형상이며, 거기에서 인간이 신성을 인식하는 것이다. 그리스인들에게 있어서 신과 빛의 긴밀한 관계는 하늘을 의인화한 최고의 신인 제우스에서도 드러난다.

신에 대한 그리스도교의 사상

그리스의 자연 철학자들이 '무'로부터는 아무것도 생성될 수 없다고 생각한 것과는 달리 그리스도교의 교리에 따르면 이 세상은 무로부터 창조되었다.

창조의 문제와 관련해서, 더욱이 앞으로 다룰 이 세상에 존재하는 악의 문제와 관련해서 제기되는 또 하나의 물음은 그렇다면 하느님은 왜 세상을 창조하셨는가라는 물음이다. 그런데 이에 대한 답변은 너무나 간단하다. 즉, 하느님은 선 자체이므로 세상을 선 자체를 위해 창조하셨다. 그리고 하느님은 세상을 당신의 자유 의지로 창조하셨다. 그런데 하느님의 의지의 행위는 맹목적인 행위도 아니고 필연적인 행위도 아니었다. 하느님이 세상을 창조한 이유는 하느님의 선을 존재들에게 나누어주시기 위해서였다. 부언하자면 하느님께서는 세상을 창조하지 않으셨을 수도 있다. 왜냐하면 꼭 창조해야 할 어떤 이유가 있던 것이 아니었기 때문이다. 그리고 일단 창조하기로 결심하셨을 때 아무런 목적 없이 그저 창조하지는 않으셨다. 그분은 선 자체인 자신의 존재를 피조물들에게 나누어주시고자 했다. 이로써 모든 피조물은 하느님의 선에 참여할 수 있게 되었다. 또한 여기에서 언급해야 할 중요한 점은 하느님이 창조에 의해 자신의 선을 존재자들에게 부여하셨다고 해도 이로써 하느님의 선이 감소되거나 상실되는 것은 아니라는 점이다. 마치 태양이 끊임없이 자신의 빛을 방출하면서도 꺼지지 않는 것처럼, 하느님도 그의 선을 존재자들에게 나누어주더라도 항상 선 자체로 머물고 있다는 것이다.

토마스의 첫 번째 신 존재 증명

토마스의 하느님의 존재 증명은 다섯 가지 방식으로 진행되는데, 그 중에서 첫째 증명은 운동에 의한 증명이다. 이 증명은 아리스토텔레스에 의해서 발견되어 중세의 유대 철학자인 마이모니데스(Moses Maimonides: 1133~1204)와 토마스의 스승인 대 알베르투스에 의해서 사용되고 있었다. 우리는 감각적 지각을 통해서 이 세상에 있는 것들은 움직여지고 있으며 운동은 하나의 사실이라는 것을 알고 있다. "움직여지는 모든 것은 다른 것에 의해서 움직여지고 있다." 그러나 A라는 것이 B를 움직이는 것이고 B라는 것이 C를 움직이는 것이라는 식으로 계속 올라갈 수는 없다. 따라서 우리는 자신은 움직여지지 않으면서 다른 것을 움직이는 어떤 것을 가정해야 한다. 그리고 이것이 하느님이라고 모든 사람은 이해하고 있다. 이 첫 번째 증명의 이해를 돕기 위해 나는 팽이 돌리기 놀이를 생각해 보았다. 팽이는 팽이를 돌리는 사람이 채로 팽이를 치지 않으면 결코 돌지 않는다. 팽이에 힘이 가해지기 전에 팽이는 돌 수 있는 가능성을 갖고 있다. 그리고 힘이 가해지면 팽이는 실제로 돈다. 따라서 팽이를 돌리는 누군가가 있다는 것을 우리는 알 수 있다. 바로 신 존재 증명의 첫 번째 증명이 이와 유사하다. 이 세상에 있는 것들은 어떤 식으로든 모두 움직이고 있다. 정지하고 있는 듯이 보이는 사물들도 그 사물들이 담겨져 있는 지구 자체가 회전하고 있기 때문에 사실 조금씩 움직이고 있는 것이다.

토마스의 두 번째 신 존재 증명

두 번째 증명은 작용인(efficient causes)의 질서 및 계열에서 시작한다. 어떤 것 A가 다른 어떤 것 B의 원인이기 위해서는 그 어떤 것 A는 다른 어떤 것 B보다 앞서 존재해야 한다. 첫 번째 증명에서와 마찬가지로 여기에서도 작용인의 계열이 무한히 소급하는 것은 불가능하므로 우리는 최초의 한 작용인이 있다고 가정해야 한다. 예를 들면 부모가 자식을 낳기 위해서는 부모가 먼저 있어야 하며, 부모는 이로써 아이를 생산하는 역할을 하는 원인이다.

토마스의 세 번째 신 존재 증명

세 번째 증명은 우연적 존재의 원인으로 있어야 하는 필연적 존재의 가정에서 시작한다. 우연적인 존재자는 어떤 주어진 시간에 실존하기 시작하거나, 아니면 어떤 특정한 순간에 실존하기를 멈추는 존재자들이다. 특히 생성과 소멸은 그 존재자들이 필연적인 것이 아니라 우연적인 것으로서 존재할 수도 있고 존재하지 않을 수도 있는 존재자라는 것을 보여준다. 이에 반해 필연적인 존재자는 언제나 실존하는 존재자, 즉 결코 존재하기 시작하거나 소멸하지 않는 존재자이다. 여기에서 우연적인 존재자들이 존재하게 되는 이유인 하나의 필연적인 존재가 존재해야 한다는 결론이 나온다. 왜냐하면 어떤 필연적인 존재도 없다고 한다면 어떤 것도 전혀 존재하지 않을 것이기 때문이다.

토마스의 네 번째 신 존재 증명

네 번째 증명은 이 세상에 있는 것들에는 선성(善性)이나 진리 등과 같은 것들에 있어서 완전함의 단계가 있다는 것에서 출발한다. 토마스는 이런 판단이 객관적인 근거를 지니고 있다고 생각하여 완전성의 단계가 있다는 것은 반드시 하나의 최선의 존재, 하나의 최고 진리의 존재 등이 있다는 것을 암시하고 있다고 말하고 있다. 따라서 이 단계에서도 모든 감각적인 대상을 초월하고 있는 하나의 존재에 관한 것이 다루어지며, 이 완전성은 스스로 자존할 수 있는 완전성, 순수한 완전성일 수밖에 없다. 그런데 예를 들면 이 세상을 비추는 빛이 항상 태양으로부터 나오고 그리고 태양에서 아무리 많은 빛과 열이 나온다고 해도 태양이 항상 그렇게 머물러 있듯이, 창조자는 그 자체로 완전한 존재자이고 그의 선함이나 사랑은 무한하기 때문에 우리에게 그것들을 나누어준다고 해도 창조자 하느님은 항상 선과 사랑으로 충만한 상태로 머물러 있다. 그리고 우리는 이 선에 참여함으로써 선한 존재로 머물러 있을 수 있다.

토마스의 다섯 번째 신 존재 증명

다섯 번째 증명의 증명 방법은 목적론적인 증명 방법이다. 식물, 동물과 같은 자연 생물들도 목적을 위해서 활동한다. 예를 들면 식물이 뿌리를 아래로 뻗고, 잎을 위로 향하는 것과 같은 현상은 목적을 지향하는 결과이다. 식물이 열매를 맺기 위해서 잎들을 자라게 하고, 영양 섭취를 위해 뿌리를 아래로 뻗는다는 자연 현상으로부터 우리는 자연 현상과 식물 안에 그런 목적이 있음을 분명히 볼 수 있다. 생성의 과정에서 항상 자연의 법칙에 따라 나오는 것이, 그리고 지속적인 과정에서 최종 결과로 나오는 것이 목적이다. 그러나 식물은 인식을 갖고 있지 않다. 따라서 인식할 수 없고 스스로 목적을 설정할 수 없는 자연물들을 하나의 목적에로 향하게 하는 지적 존재가 있어야 한다. 즉, 지성을 갖추고 있지 않은 존재자들은 지성을 갖춘 어떤 존재자, 즉 창조자인 신에 의해서 그 목적에로 향해지도록 조종되지 않는다면 어떤 목적을 향해 움직일 수 없다.

악의 문제

악의 원인

이 세상을 창조하고자 했을 때 하느님은 세상에 있는 악을 원하시지 않았으며, 더욱이 모든 존재자들은 하느님의 선을 받았으므로 이 세상에 악이 존재한다는 것은 모순된 견해처럼 보인다. 그렇다면 이 세상의 악은 신화에서 드러나듯이 판도라의 상자에서 연유하는 것일까?

하느님은 선 자체이므로 악을 사랑할 수 없다. 그런데 하느님은 이 세상에 있는 악을 이미 알고 계시지 않았을까? 그런데 만약 악이 창조된 어떤 것이라고 한다면, 창조자로서의 하느님이 악도 만들어냈다고 가정하지 않을 수 없는 것이다. 마니교도들은 선, 악이라는 극단적인 두 요소를 세상의 원리로 삼았던 반면 그리스도교 신학자와 철학자들에게 악은 궁극적인 원리가 아니다. 악은 아우구스티누스 성인이 가르쳤던 것처럼 결여이다. 그러므로 악은 어떤 것이 아니다. 악은 선한 것의 결여로서만 존재할 뿐이므로 그것은 창조된 것일 수 없다. 창조자인 하느님은 자신의 선을 피조물들에게 나누어주기 위해서 세상을 창조했으므로 이 세상에 존재하는 악은 부수적인 것으로 간주되어야 한다. 악은 다만 선의 결여라고 이해되기에 어떤 완전한 존재도, 속성도 가질 수 없다. 그러나 악이 존재하는가라는 물음에 대해 우리는 '그것은 존재한다'고 말해야 한다. 물론 선의 결여로서.

우리는 우리의 주변에서 행해지는 수많은 '나쁜' 행위들, 인간의 행위에 있는 '악한' 요소들을 보고 있다. 우리 인간은 본래 선한 것을 추구한다. 다시 말해서 우리 인간의 의지는 항상 선한 것을 그 대상으로 원한다는 것이 언제나 전제되어 있다. 이에 대해서 토마스가 든 예에 의하면, 어떤 부도덕한 일, 예컨대 불륜을 저지르는 사람은 악 또는 죄 그 자체를 원하는 것이 아니라 악을 포함하고 있는 행위의 감각적인 쾌락을 원하고 있는 것이다. 이때에도 부도덕한 일을 하는 사람은 자신이 원하고 행한 것을 선한 것으로 간주한다. 비록 그것이 실제로 가상의 선(假像의 善)일지라도.

하느님으로부터 자유 의지를 부여받은 인간은 마땅히 자유로워야 하지만 인간이 자신의 자유를 남용하여 죄를 짓는 것은 필요하지 않았다. 따라서 하느님은 도덕적인 악을 그 자체로서나 부수적으로 허용했다고 말할 수 없다. 그러나 눈을 갖고 있으면서 보지 않을 수 없듯이 자유를 갖고 있는 인간이 죄를 짓지 않는다는 것도 사실 불가능하다.

모든 결여가 악은 아니다

토마스에 따르면 악은 선이 제거된 상태를 의미한다. 즉, 선이 없는 상태가 악한 상태이다. 그러나 선의 모든 결여가 악은 아니다. 모든 생물체는 그들에게 고유한 완전함을 갖고 있다. 그래서 예를 들면 동물의 완전함과 관계없는 어떤 것은 인간의 완전함과 관계있을 수 있다. 이와 반대로 우리는 또한 이렇게 말할 수 있다. 동물들은 인간에게는 어떤 '나쁜 것'을 의미할 수 있으나, 그들의 본성에 근거해 볼 때 악한 것이 아닌 특성을 갖고 있다. 사자의 용맹성과 야수성은 인간이나 여타의 다른 동물들에게는 위험한 특성이겠으나, 사자가 이런 특성을 잃는다면 그것은 더 이상 사자가 아니다. 그러나 인간은 예를 들어 그가 비겁자라고 해도 여전히 인간으로 있다. 또 한 편으로 우리가 단순히 존재하지 않는다는 의미에서 '부족함' 또는 '결여'라고 인식하는 것 중에는 '자연에 맞는' 또는 '자연적으로'라는 특징을 얻는 것이 있다. 따라서 어떤 다른 사물이 본성상 갖고 있는 것을 다른 사물이 갖고 있지 않을 때 우리는 이 사물 또는 이 생물체가 나쁜 것이라고 말할 수 없다. 그렇게 된다면 모든 사물들은 다른 사물이 갖고 있는 것을 갖고 있지 않다는 단순한 사실 때문에 모두 나쁜 것이 될 것이다. 따라서 인간은 사자가 갖는 힘과 같은 힘을 갖고 있지 않기 때문에 나쁜 것이 될 것이다. 이 가정은 그러나 설득력이 없다. 인간에게 날개가 없다는 것은 인간에게 해가 되지 않으며 돌(石)이 볼 수 없다는 것도 돌에게 해로운 것이 아니다. 인간은 그에게 날개가 없다는 사실 때문에 나쁜 것은 아니다. 왜냐하면 이것은 자연 본성상 그렇기 때문이다. 볼 수 있는 능력이 돌에게 없다는 것은 돌을 결코 해치지 않는다. 그러나 인간 또는 특정한 동물들에게는 '볼 수 없음'이 실제로 나쁜 것이다. 이런 '자연적인 결여'는 제거될 수 있는 것이 아니며 존재자들의 본질에 완전히 상응하는 것이다. 그러나 제거될 수 있는 결여도 물론 있다. 예를 들면 우리 인간의 무지한 상황은 교육을 통해 제거될 수 있다. 이런 유의 결함은 깨달을 수 있는 자연적인 능력이 어떤 지식에 도달할 수 있는 상태에 아직 이르지 않았기 때문에 있는 것이기 때문이다.

악이 존재자일 수 없는 이유

토마스는 여기에서 한 걸음 더 나아가서 악이 존재자일 수 없는 것에 대한 세 가지 근거를 제시한다. 첫 번째 이유는 존재자의 필연성 또는 우유성에서 나온다. 모든 자연 사물이 존재의 보편적인 최초의 원인에서 생성되듯이 그들은 또한 보편적인 최초의 선에서 생겨야 한다. 보편적인 최초의 선에서 생기는 것은 오직 개별적인 선이다. 그러므로 악이 있는 한 악은 어떤 것이 아니라 다만 개별적인 선의 결여라는, 개별적인 선에 붙어 있는 것이라는 결론이 남는다. 그것이 선에 붙어 있는 것으로 존재하기에 악은 필연적인 것이 아니라 우유적인 것이다. 악이 왜 존재자가 될 수 없는가에 대한 두 번째 이유를 우리는 목적의 관점에서 생각할 수 있다. 욕구될 가치가 있는 것의 근거를 갖고 있는 것은 선의 근거도 갖는다. 왜냐하면 선은 모든 것이 추구하는 것이기 때문이다. 존재하는 것들은 오직 목적의 욕구 때문에 움직여지는데 악은 행위도 움직임도 없다. 세 번째 이유는 이미 알려진 플라톤의 유명한 주장에 상응한다. 이 세상의 모든 존재자에게는 하나의 대립물이 존재한다. 존재 자체는 욕구되는 것의 근거를 가장 많이 갖고 있다는 사실에서 선한 어떤 것은 욕구될 가치가 있는 한, 존재는 선이라는 결론이 나온다. 따라서 보편적으로 선에 대립해 있는 악은 존재인 것에 대립해 있고, 존재에 반대되는 것은 존재할 수 없다.

악의 분류

a) 도덕적인 잘못

악의 문제가 인간의 의지와 관계지어질 때 윤리적인 악, 즉 도덕적인 악이 이야기된다. 도덕적인 악이 있다는 것이 분명하다면 우리는 인간의 약함이 어디에서 오는가를 물어야 한다. 이 물음은 특히 인간의 의지 및 행위와 관계있다. 인간이 의식적으로 원함으로써 나타나는 윤리적인 악이 모든 악 중에서 가장 심각한 악의 종류이다.

잘못된 행위란 인간이 인간으로서 해야만 하는 일로부터 지식과 자유의 측면에서 벗어나 있을 때 윤리적 악이 된다. 토마스에 따르면 '해야 함'은 실천 이성의 원칙들에 기초를 두고 있는데 실천 이성은 우리에게 '선은 행하고 악은 피하라'고 말한다. 윤리적인 악, 죄는 인간의 최종적인 목적을 거스르는 인간 개인의 선택에서 나오는 것이다.

도덕적으로 선한 행위는 선이라는 최종적인 목표를 달성하기 위해 선을 추구하는 행위를 의미한다. 도덕적으로 나쁜 행위는 최종적인 목적인 선에 이르는 방향을 상실하고 이로써 참된 선에 대립해 있는 것으로 드러난다. 악은 그것이 선 안에 근거하고 있지 않은 한 종을 구성하지 않으며 결여된 상태에서 소유의 상태로 복귀하는 것은 도덕적인 악에서만 가능하다.

b) 자연적인 악

악함이 의지 이외의 다른 결함에 의해 생길 때 이 악함은 '자연의 오류'라고 지칭된다. 마치 기형아의 원인이 정자의 결여된 능력이고 다리를 절뚝거리는 것이 도덕적인 잘못이 아닌 것처럼.

이것 또는 저것에게 자연적으로 속해야 하는 완벽함에서 어떤 것이 결여된다면 이것은 본래적인 악을 의미한다. 자연을 따르는 것은 선한 것이다. 그리고 그에게 본래 주어진 것을 갖고 있는 것도 선한 것이다. 우리가 그것을 의도적으로 위로 던지지 않는다면 돌이 아래로 떨어지는 것은 자연적이다. 그리고 불이나 어떤 기체가 위로 올라가는 것도 자연적이다. 따라서 돌이 아래로 떨어지고 불이 위로 가는 현상은 자연에 상응하기 때문에 좋은 것이다.

우리는 쇠퇴, 기형, 기형아 그리고 자연 안에 있는 결함을 자연적인 결함의 예로 든다. 때때로 자연력은 인간을 위한 그것의 유용성을 빼앗긴다. 만약 자연에서 일어나는 일들이 인간에게 해가 되지 않는다면 이것은 결함이 아니라 아주 정상적인 자연의 한 과정이다. 이것은 인간의 편에서 볼 때 자연적인 악이 아니지만, 만약 자연의 사건이 큰 재앙을 불러일으킨다면 그것은 인간의 관점에서 볼 때 자연적인 악이 된다.

c) 기술 생산품의 결함

기술 생산품의 결함 또는 오류는 '인간에 의한 결함 있는 행위', 즉 인간의 작품과 관계있는 모든 종류의 오류를 말한다. 예를 들면 건축물에 있는 결함 또는 예술가의 작품이나 더욱이 자동 판매기에서 생겨날 수 있는 오류를 말한다. 또한 우리는 운전이 미숙한 운전사, 섣부른 연주자 등에 대해서도 말한다. 우리는 이들이 자신들의 일을 능숙하게 이행하지 못하기 때문에 이렇게 지칭한다.

토마스에 따르면 기술 생산품의 오류는 두 가지 관점에서 발생한다. 첫째, 오류는 예를 들면 건축가 내지 예술가가 그들의 작업 시에 본래 달성하려고 했던 목적에서 이탈할 때처럼 그들이 고유한 목적에서 이탈할 때 생긴다. 둘째, 우리가 인간 삶의 보편적인 목적으로부터 이탈할 때 오류가 생긴다. 이런 방식에서 '죄를 짓는다'라는 표현은 예컨대 누군가가 나쁜 물건을 만들어내려고 의도한다는 것을 뜻한다.

예를 들면 누군가가 어떤 것을 발명할 때 그는 이것이 인간의 삶에 유용하기보다 오히려 해가 된다는 것을 알고 있다. 그럼에도 불구하고 그는 자신의 발명품에 대해 그리고 자신의 발명품이 사람들에게 해가 된다는 사실에 대해 슬퍼하지 않는다. 나쁜 의도에서 행해지고 도덕적인 잘못과도 긴밀한 관계를 맺고 있는 이런 종류의 오류는 발명자 또는 제작자가 다만 생산자라는 관점에서 고찰될 때는 도덕적인 잘못으로 간주되지 않는다. 우리가 발명자나 제작자를 인간이라는 관점에서 평가할 때 우리는 그들이 도덕적인 잘못을 저질렀다고 한다. 그러므로 제작자는 제작자로만 간주될 때는 잘못을 용서받지만 그가 인간이라는 관점에서는 잘못을 용서받지 못한다. 오직 도덕적으로 나쁜 것만이 인간을 죄인으로 만든다. 기술 생산품의 오류는 그 생산품을 잘못된 것으로 만들 수는 있지만 제작자 자신을 나쁜 인간으로 만들지는 않는다.

d) 도덕적인 잘못과 기술 생산품의 결함의 관계

기술 생산품의 오류의 또 다른 원인으로 생산자의 무지를 들 수 있다. 예술가나 생산자가 자기의 영역에서 사태를 완전히 제어할 수 없거나 자신의 과제를 불충분한 재능 때문에, 또는 노련하지 못하기 때문에 또는 주의 부족으로 불충분하게 이행할 때 생산품의 결함이 생긴다. 그러나 제작자가 과제를 충분히 이행할 수 있었음에도 그의 태만으로 이행하지 않았을 때 우리는 이것을 '도덕적인 잘못'이라고 한다. 말하자면 태만으로 인한 잘못이다. 따라서 기술 생산품의 오류는 이것이 의도적으로 생기지 않았다는 점에서 도덕적인 잘못과 구분된다. 기술 생산품의 오류가 생산자가 원하지 않은 채 그리고 실수로 생긴 한, 생산자는 죄를 짓지도 않았을 뿐만 아니라 그에게 책임이 씌어질 수도 없다.

인간의 나쁜 행위의 세 가지 원인

토마스가 인간 행위를 다룰 때에 특히 '무지' '약함' 그리고 '악의'에서 생길 수 있는 악을 토론하기 때문에 도덕적인 잘못을 다루는 주제에서 우리는 이제 구체적으로 인간의 나쁜 행위의 세 가지 원인인 무지, 약함 그리고 악의 등에 대해, 그리고 이 세 가지 근거에서 생길 수 있는 악에 대해 논의하려고 한다.

우리의 행동은 예컨대 누군가가 알아야 할 것을 모르고 있는 것과 같이 앎이 결여되어 있을 때 또는 격정의 결과처럼 감각적인 추구의 잘못에 근거하고 있거나 또는 누군가가 덜 선한 것을 더 사랑하듯이 의지가 잘못된 방향에 향해 있을 때 잘못된 행동일 수 있다. 인간 행위의 원리는 지성뿐만 아니라 기호(嗜好)이다. 다시 말해서 예지적인 것뿐만 아니라 의지적인 것과 감각적인 것이다. 돌이 떨어지는 것과 같은 자연적인 움직임은 목적을 인식하지 않은 상태에서 또는 인식할 수 없는 상태에서 생긴다. 이때 목적에 대한 인식은 동물이나 어린 아이에게서처럼 불완전하다.

무지에서 비롯되는 죄는 예지적인 것이 결여된 탓이다. 격정에서 비롯되는 죄는 감각적인 요구 때문에 생긴다. 열정이 인간의 숙고보다 앞설 때 인간은 약함에서 죄를 짓는다. 의지는 스스로 좋아하는 것에로 움직이기 때문에 도덕적인 모든 사유에 반대해서 유한한 선을 직접 택한다. 토마스에게 있어서 잘못은 누군가가 덜 선한 것을 더 높은 선보다 더 좋아할 때 생긴다. 누군가가 부(富) 또는 향락적인 것과 같은 특정한 유한한 사물을 추구할 때 잘못이 있을 것이다. 왜냐하면 이로써 그는 유한한 선을 얻기 위해 정신적인 선의 손실을 스스로 감수하겠기 때문이다. 이것은 의지가 자유로운 선택으로부터, 열망으로부터, 분명한 인식으로부터 또는 악의에서 죄를 짓는다는 뜻이다. 누군가가 어떤 것이 나쁜 것이라는 것을 알면서도, 이 사실 앞에서 눈감고 이 나쁜 것이 그에게 좋은 결과를 가져오기 때문에 행위를 억제하지 않는다면 그는 분명한 악의(惡意)에서 죄를 짓는 것이다.

무지

무엇보다 먼저 '무지'라는 용어가 가장 두드러지게 드러나는 플라톤의 작품을 잠깐 언급해 보기로 하자. 소크라테스는 대화편 『소피스트』에서 선과 악을 분리하여 선을 유지함을 정화라고 불렀다(226 a–230 e). 정화는 신체에 관한 것과 영혼에 관한 것이 있다. 신체의 악에는 병과 분열이 있고(228 a), 영혼의 악에는 비겁, 부정, 방종 등과 같은 병이 있으며, 또한 추함, 수치스러움이 있는데 후자는 무지라고 지칭된다. 무지에는 두 가지 종류가 있다. 하나는 단순히 모르는 것인데, 이것은 배운 바 없는 것을 뜻하며, 또 하나는 모르면서 안다고 스스로 생각하는 경우이다. 후자의 무지는 전자의 무지보다 더욱 심한 무지이다. 중립적인 의미에서 알지 못함이 단순히 '무지(nescientia)'를 의미하는 반면 실천적인 관점에서 그것은 무시(無視: ignorantia)로서 본래적으로 결여되어서는 안 되지만 결여된 앎을 뜻한다.

모든 무지가 죄인가 아닌가라는 물음이 현재의 우리 주제와 관련해 제기되어야 하는 물음 중에서 중요한 물음 중의 하나이다. 더 좁은 의미로는 죄를 방해하지 않는 무지 자체는 죄인가 아닌가라는 점도 중요하다.

a) 극복될 수 있는 무지와 극복될 수 없는 무지

무지는 의지와 관계해서 세 가지로 규정될 수 있다. 첫째 토마스가 언급한 소위 '극복될 수 없는 무지(ignorantia invincibilis)'가 있다. 이 무지는 행위의 조건이 우연하게 있을 때 생기고, 따라서 어떤 특정한 상황에서 이 행위는 단적으로 '비자발적인' 행위가 된다. 이때 행동은, 그것이 나쁜 행위라고 해도 용서될 수 있다. 이 무지는 이것을 극복하는 것이 인간의 능력 밖에 있는 무지이다. 따라서 의도적이지도 않으며, 또한 극복하기 어려운 이런 유의 무지는 죄가 아니다. 무지로부터 때로는 의도되지 않은 것이 야기되고 때로는 야기되지 않는다. 앞에서 언급했듯이 도덕적으로 선한 것 또는 악한 것은 행위에만 있는 것이 아니라 의도에도 이미 존재한다. 따라서 원하지 않은 것을 결과로 갖는, 그리고 태만이 아니라 한 상황에 대한 무지에서 나온 오류는 도덕적으로 선한 것과 악한 것의 개념을 지양(止揚)하기는 하지만, 의도된 결과를 얻는 무지는 도덕적으로 선한 것 또는 악한 것의 개념을 지양하지 않는다. '극복될 수 있는 무지'의 경우에 상황은 이와 다르다. 이 무지는 그것을 아는 것이 인간에게 전적으로 가능한 사태를 인간이 '알지 못함'이다. 따라서 이런 무지는 본래 행위자의 태만에서 온다. 행위자가 자기의 행동에 본질적이고 특정한 행위 요소를 알 수 있었고 고려했어야만 했으나 이에 필요한 앎을 얻으려고 하지 않았기 때문에 무지가 생긴다. 따라서 인간의 노력으로 극복될 수 있는 이런 무지는 죄이다.

b) 행위에 수반되는 무지와 의도된 무지

인간 행동의 진행이 정확히 계획되기는 했지만 행위가 실제로 어떻게 진행될지 예견될 수 없었고, 따라서 사건이 '알지 못한 채' 생겼기에 이 사건이 행위자에게 결국 '우연한 것'일때의 무지는 수반된 무지라고 지칭된다.

무지의 또 다른 종류는 두 가지 관점에서 '행위하지 않음'과 유사하게 판단될 수 있다. 무지는 한편으로는 의식적으로 원해질 수 있다. 명시적으로 또는 묵시적으로 인정된 이 무지를 토마스는 가장(假裝)한 무지(ignorantia affectata), 즉 행위자가 추구한, 따라서 무한히 책임을 져야 하는 무지라고 이해한다. 왜냐하면 이것은 '의도된 무지' 또는 '죄의 성격을 띠는 무지'이기 때문이다. 행위자는 그가 행동할 수 있었고 행동했어야 하지만 행동하지 않았을 때 태만의 결과에 책임이 있다.

그러나 행위를 위해 '요구되는' 앎이 단순히 빠뜨려진 결과로 나오는 무지도 있다. 이때는 행위자가 실제로 행위할 때 그가 단지 소유할 수 있을 뿐만 아니라, 소유하고 있어야 하는 앎이지만 실제로 갖고 있지 않은 앎이 문제가 된다. 토마스는 요구되는 앎이지만 결여되어 있는 앎을 잘못된 선택의 무지(ignorantia malae electionis)라고 이해한다. 즉, 이 무지를 간접적으로 원한 사람의 자유로운 선택에서 비롯된 무지로 이해한다. 선택에 대한 무시, 그리고 잘못된 선택을 무시하는 것은 선택에 대한 무지, 그리고 잘못된 선택에 대한 무지이다. 이 중 첫 번째 것(선택에 대한 무지)은 그가 무엇을 선택해야 하는지 모르는 사람에게 해당되는 무지이고, 두 번째 무지(잘못된 선택에 대한 무지)는 선택할 때 그가 무엇을 유의할 수 있고 유의해야 하는지를 고려하지 않는 사람에게 해당되는 무지이다.

c) 태만의 결과로서의 죄

누군가가 그가 단적으로 인식해야 하는 것을, 또는 상황에 맞게 또는 개별적인 경우에 따라 인식해야 하는 것을 알고자 하지 않을 때, 그는 태만함으로 인해 죄를 짓는다. 또한 누군가가 자기 행위의 결과를 의식적으로 무시하려고 했을 때 그는 자신의 행위를 모르면서 행동했다고 할 수 없다. 토마스는 누군가가 자기 행위의 결과를 의식적으로 무시한 것과 의식하지 못한 채 무시한 것을 구분한다. 예컨대 필요 이상으로 술을 많이 마신 사람은 명정(酩酊) 때문에 이성이 올바른 판단을 할 수 없다. 이 예에서처럼 누군가가 자기의 욕구를 조절하려고 하지 않는다면, 그리고 그의 행동의 결과를 알려고 하지 않는다면 이것은 필요한 앎을 간접적으로 무시하는 것이다.

무지에서 나오는 행위와 피할 수 있는 '알지 못함'에서 나오는 행위는 구분되어야 한다. 예를 들어서 술에 취한 사람이나 화가 난 사람은 그의 무지 때문이 아니라 그의 명정 또는 분노 때문에 잘못 행동한다. 명정 또는 분노가 그의 잘못된 행위의 원인이 되었다. 이때 그에게 부과되는 벌은 가중된다. 왜냐하면 술 취한 사람 또는 분노하는 사람을 명정 또는 분노로 이끈 원인이 행위자 자신의 내부에 있었기 때문이다. 다시 말해서 그가 술을 마시지 않거나 화를 억누르는 것은 완전히 그의 자유로운 결정에 놓여 있었기 때문이다.

무지는 잘못의 원인이며 죄일 수 있다

무지와 관련해서 토마스는 두 가지 문제를, 즉 무지가 잘못의 원인일 수 있는가와 무지는 죄인가를 논의한다. 우리는 무지가 잘못의 원인일 수 있으며, 또한 죄가 될 수도 있다는 것을 아퀴나스의 논의를 따라 서술해보기로 하자. 무지는 의도적인 것을 완전히 배제하지 않는다. 따라서 잘못의 근거 안에서는 의도적인 것이 함께 생각되어야만 한다. 왜냐하면 우리가 무지에서 죄를 짓는다 해도 잘못의 근거로 간주될 수 있는 의도 또는 욕구가 뒤에 숨어 있다는 것은 배제되지 않기 때문이다. 무지가 의도적이라면 그것은 결국 의도적인 어떤 것으로 판단된다. 특히 누군가가 비록 죄를 짓도록 하는 모든 원인들을 알지 못했지만 죄의 근거를 하나라도 인식했다면, 그리고 그가 이 인식에도 불구하고 죄를 짓는다면 그는 의도적으로 죄를 지은 것이다. 더 나아가서 상황에 대한 무지는 그 자체로 잘못은 아니지만 잘못의 원인일 수 있다.

우리는 이것에 대해 토마스가 언급한 두 가지 다른 종류의 범죄 행위를 예로 들 수 있다. 한 경우는 한 사수(射手)가 어느 정도 떨어진 거리에서 한 대상을 보고 실제로는 사람인 이 대상을 사슴으로 생각하고 사슴 대신 이 사람을 죽이는 경우이고, 또 다른 경우는 어떤 사수가 자기의 부친을 죽이려고 하지는 않았지만, 누군가를 죽이려고 했고 더 나아가 자기 아버지를 자기가 살해하려고 했던 사람으로 착각하고 친부(親父)를 살해하는 경우이다. 두 경우 모두 죄에 해당된다. 그러나 이때 죄의 종류는 다르다. 첫 번째 경우에는 일반적인 살인이 문제가 되고 두 번째 경우에는 친부 살해에 해당된다. 무지는 상이한 방식으로 죄를 유발한다는 것이 이 예들로써 분명해졌다. 인식의 결핍이나 부족은 직접적인 살인의 원인은 아니다. 사수는 상황에 대한 무지 때문에(propter ignorantiam) 죄를 지은 것이 아니라 무지한 자(ignorans)로서 죄를 지었다.

격정에서 나오는 잘못

영혼의 약함

이로써 우리는 육체적인 욕구, 그리고 열정에서 나오는 죄에 이르렀다. 이것은 영혼의 약함에서 비롯되는 잘못이다. 즉, '격정'에서 나오는 것이다. 영혼의 약함은 감각적인 경향, 예컨대 두려움, 노여움 그리고 욕망에서 생긴다. 감각적인 능력의 다양한 움직임을 우리는 욕정이라고 부른다. 욕정과 관계있는 첫 번째 것은 사랑, 그리고 우리가 인식한 선(善)을 추구함, 그리고 사랑의 반대인 미움이다. 두 번째 것은 결여되어 있는, 그러나 기대되는 선에 대한 욕구 또는 기호, 그리고 이것의 반대인 두려움이다. 세 번째 것은 도달된, 또는 도달된 것으로 간주되는 선 안에서의 기쁨 또는 편안함, 그리고 이에 반대되는, 나쁜 것의 영향 아래 있는 슬픔 또는 억눌린 상태이다.

우리는 또한 영혼의 서로 다른 움직임을 네 가지 열정으로 지칭한다. 첫째로는 희망이 있다. 희망은 부재하고 있는 선에 대한 추구이다. 둘째는 절망이다. 이것은 불가능한 것에 직면해서 생긴다. 셋째는 대담함이다. 이것은 위협하는 악에서, 그러나 극복될 수 없는 것은 아닌 악에서 야기되는 것이다. 넷째로 분노가 지칭될 수 있다. 분노는 보복을 하려는 의지의 욕구이다. 그래서 아우구스티누스 성인은 이런 유의 격정을 영혼의 병이라고 했다. 동물적인 감정의 흥분은 어떤 도덕적인 특성을 가질 수 없다. 왜냐하면 그것은 자연적으로 본성에 따라 진행되기 때문이다. 이에 반해 인간적인 격정은 내적으로 정신에 의해 유도된다. 이것은 동물에 있어서는 불가능한 것이다. 인간에 있어서는 예컨대 수면을 취할 때나 또는 정신적인 질환과 같은 육체적인 변화에서 그렇듯이 이성은 다양하게 작용한다. 이때는 (수면 상태와 같이) 우리가 아무것도 생각하지 않아서 이성이 올바르게 활동을 하지 않거나, 또는 (누군가 정신적인 질환 상태에 있을 때와 같이) 이성이 사태에 적합하게 자유롭게 변할 수 없다. 그러나 인간은 그의 격정으로 인해 육체적인 변화를 겪게 된다. 예컨대 우리는 증오에 의해 또는 욕구에 의해 또는 다른 어떤 격정에 의해 영혼의 혼란에, 더욱이 광란의 상태에 빠지기도 한다. 왜냐하면 격정은 의식을 어둡게 하거나, 또는 이성의 판단을 마비시키기 때문이다. 격정이 인간의 행위에 큰 영향을 미치고 영혼의 변화로 인해 이성이 마비된다면 이성은 사물에 대해 자유롭게 판단할 수 없다. 이와 관련해 토마스는 인간은 많은 경우 이성이 숙고하기 전에 노여움에 의해 그리고 욕구에 의해 자극을 받는다고 쓰고 있다.

격정의 양면성

격정은 지성의 관점에서뿐만 아니라, 의지의 관점에서도 고찰되어야 한다. 감각적인 충동에서 생긴 격정은 의지의 작용과 긴밀한 관계를 맺고 있다. 충동은 의지의 강한 움직임에서 격정으로 움직여지기 때문에 격정에는 품위 또는 저속함이 덧붙여진다. 따라서 더욱 많은 연민을 갖고 자선을 베푸는 사람이 적은 연민을 갖고 자선을 베푸는 사람보다 더 높이 평가될 만하고, 더욱 큰 욕망에 의해 죄를 짓는 자가 작은 욕망에 의해 죄를 짓는 자보다 더 큰 죄를 짓는다는 것은 사실이다.

이성과 의지의 선함은 격정에 의해 더 큰 선이 될 수 있다. 선한 의지는 올바른 격정을 강화할 수 있다. 그리고 우리가 올바른 격정을 선택할 때 경우에 따라서 우리는 주저 없이 행동할 수 있다. 예를 들면 누군가가 다른 사람에게 옳지 않은 일을 하는 것을 보고 피해를 당하는 사람을 도와주려는 격정은 좋은 의미에서의 격정이다.

격정은 의지의 외적인 원리이고, 반면 의지의 고유한 움직임은 내적인 원리이다. 행위의 원리가 행위자 자신 안에 있을 때 우리는 행위가 자의적이라고 말한다. 따라서 내적인 원리가 더 클수록 더 큰 죄가 생기고, 외적인 원리가 함께 작용할 때는 조금 가벼운 죄가 생긴다. 토마스에 따르면 비록 죄가 외적인 행위에 의해 완성된다고 해도 우리가 죄에 동의한다면, 행위하기 전에 이미 의지 안에 죄가 있었다. 간단히 말해서 죄는 원칙상 의도 안에 이미 존재한다. 여기에서 토마스의 주장은 아벨라르두스의 주장과 완전히 일치한다. 의도 또는 의지의 행위는 육체적인 약함에 의해 방해받지는 않는다. 왜냐하면 의지는 육체가 약하다고 해도 항상 완전히 작용할 준비가 되어 있기 때문이다. 더욱이 우리가 약함으로부터의 죄에 대해 말할 때 우리는 육체의 약함보다는 오히려 영혼의 약함을 의미한다. 토마스는 육체의 약함을 비의지적인 것으로 간주한다. 다시 말해서 이 약함은 의지에 종속적인 것이 아니다.

우리가 격정으로 인해 나쁜 것을 선택하는 경우에 더 좋은 것을 인식하는 우리의 분별력은 감소된다. 그러나 격정이 개별적인 행동에 대한 판단을 방해한다고 해도 지성은 격정을 제어할 가능성을 갖고 있다. 어쨌든 잘못된 선택은 선택의 관점에서 앎이 결여된 상태에 근거하고 있다. 앎이 부분적으로 결여된 이 상태는 우선 유한한 자유로운 선택을, 그 다음에는 개별적으로 나쁜 선택을 가능케 한다. 토마스는 격정 자체는 선하지도 악하지도 않다고 강조한다. 격정은 오직 이성과의 관계에서만 선 또는 악이라고 지칭될 수 있다. 이것은 이성에 상응하는 격정의 행위는 전적으로 선하다고 지칭될 수 있다는 뜻이다.

악의에서 짓는 죄

행위의 원리가 인간의 내부에 있을수록 행위는 더 자의적이고 더 의도적이다. 누군가가 항상 다시 반복되는 습관에서 완전한 의도를 갖고 짓는 죄는 악의에서 오는 죄이다. 토마스에 따르면 악의에서 짓는 죄는 죄의 모든 상황이 동일하다면 다른 죄보다 더 무거운 죄로 평가된다. 이것은 세 가지 이유에 근거하고 있다. 첫째로 우리는 의지적인 것의 뿌리는 인간의 내부에 있고 죄는 일반적으로 의지에 있으므로 죄의 씨는 항상 의지 안에 숨어 있다고 말할 수 있다. 죄에 대한 충동이 의지에 더 고유한 만큼 죄는 더 무거워진다. 격정이 사라지면 의지는 그것의 본래의 목적이었던 선에로 다시 기운다.

악의에서 죄를 짓는 사람은 그의 습관에 머물러 있는데, 그 이유는 습관은 지속적이기 때문이다. 그의 의지는 결국 이 습관에서 나온다. 악의로 인한 죄는 격정에서 나오는 죄와는 질이 다르다. 왜냐하면 격정으로 인한 나쁜 행위는 즉시 사라지는 반면, 습관에 의한 나쁜 행위는 더 오래 머물러 있기 때문이다. 이 특징이 악의에서 나오는 죄가 다른 죄보다 더 무거운 죄로 평가되는 두 번째 이유이다.

세 번째 이유로는 다음을 언급할 수 있다. 약함에서 죄를 짓는 사람의 의지는 본래 선에 향해 있다. 그의 격정은 다만 때때로 선을 행하지 못하도록 그를 방해할 뿐이다. 그러나 악의에서 죄를 짓는 사람은 하나의 목적을 직접 추구한다. 그가 비록 그 목적이 나쁘다는 것을 인식해도 그는 그 목적을 달성한다. 여기에서는 의지가 스스로 나쁜 것에 향해 있기 때문에 그는 특정한 악의에서 죄를 짓는다. 우리 인간은 나쁜 것에로 기우는 타락한 성향을 이미 갖고 있어서 이런 성향의 결과로 잘못을 저지른다. 또 한편으로 의지는 죄짓는 것을 방해할 수 있는 요인들을 제거하면서 악 쪽으로 기운다. 우리는 죄가 우리 마음에 들지 않기 때문에 피하기도 하겠지만, 더욱 큰 이유는 우리가 아마 영원한 생명에 대한 희망을 또는 지옥에 대한 두려움을 갖고 있기 때문에 죄를 지으려고 하지 않을 것이다. 그러나 우리가 죄를 지으려고 할 때, 우리가 죄를 지을 수 있기 위해서 이 근거들은 제거되어야 한다. 다시 말해서 영원한 생명에 대한 희망 또는 지옥에 대한 두려움이 더 이상 죄를 방해하는 이유가 아닐 때 우리는 아무런 제한 없이, 말하자면 아무런 구속 없이 죄를 지을 수 있다. 인간에게 있어서의 어떤 무질서가 특정한 악의에서 짓는 죄를 항상 앞서 간다는 것이 분명해졌다. 이 죄는 항상 습관에서 나오지는 않는다. 또한 특정한 악의에서 죄를 짓는 사람이 항상 습관에서 죄를 짓는 것도 아니다.

'악의에서' 죄를 짓는다는 것은 '의도적으로' '알면서' 그리고 '선택함으로써' 죄를 짓는다는 뜻이다. 무엇을 선택하는 사람이 죄를 짓는다는 것과 누군가가 선택의 근거에서 죄를 짓는다는 것은 다르다. 선택은 그 자체로 나쁜 것도 좋은 것도 아니기 때문에 선택은 선택하는 사람에게 있어서 죄의 첫 번째 이유가 아니다. 특정한 악의에서 죄를 짓는 사람은 본질적으로 나쁜 것을 선택한다. 따라서 죄의 원인은 선택에 놓여 있다. 이런 이유에서 우리는 선택으로 인해 죄를 짓는 사람은 자기 의지를 악한 것에로 움직인다고 말한다.

토마스의 사상이 지금의 우리에게 시사하는 점

'중세와 토마스 아퀴나스'라는 주제는 사실 아주 방대한 주제이다. '중세'라는 주제에 대해서, 그리고 '토마스 아퀴나스'라는 주제에 대해서 따로따로 글을 쓴다는 것도 방대한 일일 텐데, 하물며 이 둘을 하나의 주제로 묶어서 글을 쓴다는 것은 그리 쉬운 작업만은 아니다. 필자의 글이 어느 정도 주제에 맞게 진행되었는지 조심스러운 마음뿐이다.

중세에 대한 연구가 요즈음 활발히 진행되기 시작하고 있다는 사실은 기쁜 일이 아닐 수 없다. 중세에 대해 사유할 때 가장 중요한 것은 중세가 단순히 암흑기만은 아니었다는 것을 깨닫는 것이다. 물론 권력을 둘러싼 교황과 황제 사이의 알력, 그리고 십자군 전쟁과 흑사병으로 인해 야기된 일반 백성들의 가난한 삶과 사회의 피폐상, 아직까지도 거론되는 마녀 사냥과 과학에 있어서의 획기적인 이론을 교회가 거부한 것 등은 참으로 우리 인간의 이성을 마비시킨, 또는 마비된 이성만이 행할 수 있던 중세의 어두운 과거사의 일면이다. 그러나 중세는 아리스토텔레스의 사상을 시작으로 그리스 사상이 라틴어권의 세계로 유입되면서 사상의 교류가 활발해지기 시작한 때이다. 그리고 중세의 대학에서 교수되었던 7개의 인문학들은 지금까지 학문의 중요한 근간을 이루고 있다.

우리의 주제의 두 번째 부분인 토마스의 사상에 관해서 우리는 행복과 지복에 대하여 그리고 인간의 행동과 관련해서 인간의 의지에 대한 문제를, 창조자인 신의 존재에 대한 증명과 창조와 악에 대한 문제 등을 살펴보았다. 인간의 의지와 실현된 행위의 문제와 관련해서 우리는 토마스의 이론과 아벨라르두스의 이론을 비교·고찰해 보았다. 그런데 이때 이 두 사상가에게 해당되는 문제가 있다. 즉, 인간의 의지에 대해서 우리는 객관적인 판단 기준을 갖고 있지 않다는 것이다. 우리가 좋은 의도를 갖고 있었다고 해도 결과는 나쁜 것으로 될 수가 있다. 예를 들어 누군가가 좋은 의도로 어떤 일을 했지만 원했던, 좋은 결과가 나오는 것이 아니라 나쁜 결과가 나타났을 때, 이때 행위자가 좋은 의도를 갖고 있었다는 것을 보여줄 수 있는 방법은 그리 간단하지 않다. 또는 이와 반대로 누군가가 좋지 않은 의도로 행동했음에도 예기치 않게, 우연히 좋은 결과가 나타날 수도 있다. 인간의 의지만을 기반으로 행위의 선·악을 판단한다는 것은 따라서 그리 설득력 있는 판단은 아닌 것 같다.

창조에 관한 물음과 관련해 항상 제기되는 물음 중의 하나는 창조자 하느님께서는 이 세상을 창조하실 때 분명 선을 원하셨고, 자신의 선을 우리들에게 나누어주기를 원하셨건만, 왜 이 세상에는 악이 끊임없이 있는 것일까 하는 것이다. 그리고 나는 선하고 착하게 사는데, 왜 내 인생에서 좋은 일은 나를 항상 비껴가는 것 같고, 오히려 악하게 보이는 사람들은 모든 복을 다 누리는 것일까 하는 것이 우리가 생활 속에서 매순간 부딪치는 의문 아닌 의문이다. 그렇다면 우리가 갖고 싶어 하는 것은 무엇일까? 그리고 우리가 정말로 원해야 하는 것은 무엇일까? 그리고 우리가 항상 원하는 행복이란 무엇일까?

토마스 성인의 많은 사상 중에서 특히 의지와 관계있는 죄론(罪論)을 글의 뒷부분에서 언급한 데에는 나름대로의 이유가 있다. 우리는 위에서 의지와 외적으로 드러나는 행동에 대해 다루는 가운데 '수단은 어쩔 수 없이 덤으로 받아들여져서는 안 된다'는 것을 보았다. 그렇다. 그런데 지금의 우리 상황은 어떠한가? 굳이 국제적인 문제, 즉 작금의 이라크 전쟁, 전 세계를 공포의 도가니로 밀어 넣은 테러라든지, 끊임없이 지속되는 이스라엘과 팔레스타인의 분쟁을 언급할 것까지도 없다. 우리의 시각을 단순히 우리 사회에서 일어나는 문제들에 한정해보자. 요즈음 우리 사회에서 큰 파문을 일으키는 문제들은 대체로 금전과 관계되는 일이다. 복권을 둘러싼 소위 '대박'의 꿈, 카드 빚으로 인한 신용 불량자의 문제, 그리고 카드 빚을 갚지 못해 자살을 하거나 심지어 근친을 살해하는 일 등등. 그리고 지난 해 말부터 불거지기 시작한 정치 자금 문제 등. 매스컴을 장식하는 중요 뉴스는 몇십, 몇백 억대의 불법 정치 자금 이야기이다. 일반 백성들로서는 상상하기조차 버거운 액수들이다. 그리고 금배지들의 직무 유기에 가까운 행태들. 노숙자들은 얼어 죽고 굶어 죽고, 대학을 졸업한 젊은이들을 기다리는 건 그들의 능력을 발휘할 수 있는 일자리가 아니다. 우리의 젊은이들이, 우리의 미래가 스러져 간다. 정치 자금이라는 돈 무더기 아래에서. 유명무실한 금배지들의 뒤치다꺼리에 들어가는 돈 무더기 아래에서. 돈은 그것을 올바로 사용할 줄 아는 사람에게 주어질 때 돈의 참다운 기능을 갖게 된다. 그리고 빛을 발한다. 권력의 시대는 지나간 지 오래다. 우리는 지금 권위 있는 사람을 절실히 필요로 하지만 권위 있는 사람을 찾아보기 힘들다. 우리 사회가 안고 있는 많은 문제들. 나는 이 문제들을 토마스의 이론을 빌어 생각해 보고 싶었다.

지금 우리 사회에서 일어나고 있는 여러 현상들의 이면에 숨겨져 있는 더욱 큰 문제는 우리가 점점 개별화, 개체화된다는 점이다. 더욱이 우리가 우리 자신의 주체성을 상실하고 살아간다는 것이다. 아니면 주체성을 잃고 개성을 잃었다는 그것이 바로 이 시대의 개성이고 우리의 시대정신인가? 우리 사회의 여러 문제들 안에 스며 있는 윤리적인 문제들은 이제 단지 사회의 한 단면적인 문제로 치부될 수위를 넘은 듯하다. 우리에게 있어서 진정한 행복이란 무엇일까에 대해서는 위에서 이미 서술했지만, 그럼에도 불구하고 나는 다음과 같은 이야기들로써 진정한 행복에 대해, 그리고 올바른 이성을 지닌 인간의 삶의 방식에 대해 다시 한번 생각해보며 이 글을 맺고 싶다.

훌륭한 수피 신비가 중에 라비아 알-아다비아(Rabia Al-Adawia)라는 여인이 있었다. 라즈니쉬가 그의 책 『삶의 춤, 침묵의 춤』에서 소개하고 있는 이 일화는 그녀에 관해 전해지는 것이다. 어느 날 석양 무렵 그녀는 길에 나와서 무엇인가를 찾고 있었다. 사람들이 그녀에게 와서 물었다. "무엇을 잃어 버렸나요?" 그녀가 답했다. "바느질을 하다가 바늘을 잃어버렸어요." 사람들은 어디에서 떨어뜨렸는지 정확히 알기 전에는 바늘을 찾기가 힘들다고 말하며 어디에서 바늘을 잃어버렸느냐고 묻는다. 그녀는 말한다. "실은 집 밖에서 잃어버린 것이 아니라, 집 안에서 잃어 버렸어요." 이 말에 사람들은 이제 그녀를 미친 여자라고 생각하며 집 안에서 잃어버린 바늘을 왜 집 밖에 나와서 찾느냐고 묻는다. 그녀는 말한다. "집 안은 너무 어두워서 그곳에서 나는 그것을 찾을 수 없어요. 밖에는 그나마 아직 햇빛이 조금 남아 있어서 이곳에서 찾고 있답니다"라고. 사람들은 이제 그녀가 완전히 미쳤다고 생각하며 이렇게 말한다. "그렇다고 해도 사람들에게서 등잔불이라도 빌려서 안에서 찾아야 하지 않나요?" 이 말에 그녀는 말한다. "나는 여러분들이 이렇게 현명한 줄은 몰랐습니다. 그렇다면 당신들은 왜 내면세계를 찾지 않고 밖에서 헤매고 있나요?"

이 일화는 중세의 몇몇 사상가들이 언급한, 특히 보나벤투라 성인이 서술한 내면세계로의 침잠과 신을 직관하는 상태에까지 이르는 고요하고 평정한 정신 상태를 유지하는 것의 중요성에 관한 사상과 일맥상통한다고 할 수 있다. 프란치스코 성인은 새와 꽃과 이야기를 하며 살았다고 하지 않는가!

노자의 『도덕경』에는 "칼은 쓸 수 있으면 되는 것이요. 만일 너무 예리하게 갈고자 하면 날이 지나치게 서 쉬이 부러지고 만다"는 글이 있다. 나는 마음의 균형을 유지하도록 일깨워주고, 그리고 적당한 때 멈추고 자신이 물러날 때를 아는 현명함을 깨닫게 해주는 다음과 같은 짧은 글을 언급하고 싶다. "활을 한껏 당긴다. 그러면 그대는 후회할 것이다. 알맞은 순간에 멈추었더라면 하고." 이 두 가지 인용구는 인간이라면 누구나 갖고 있는 욕심과 더 나아가 그 안에 쉽게 빠질 수 있는 권력에 대한 욕구를 경계하고 있다는 점에서 일맥상통하는 글들이다. 필자가 예전에 위의 글들을 읽으며 왜 다음과 같은 메모를 해놓았는지는 모르겠지만 요즈음 시대의 조류는 나의 그 당시의 낙서와 같다고 생각되어 적어본다. "활을 한껏 당기지 않는다. 그래도 그대는 후회할 것이다. 좀더 당길 걸 하고."

프랑스엔 〈크세주〉, 일본엔 〈이와나미 문고〉, 한국에는 〈살림지식총서〉가 있습니다.

전자책 | 큰글자 | 오디오북

001 미국의 좌파와 우파 | 이주영
002 미국의 정체성 | 김형인
003 마이너리티 역사 | 손영호
004 두 얼굴을 가진 하나님 | 김형인
005 MD | 정욱식
006 반미 | 김진웅
007 영화로 보는 미국 | 김성곤
008 미국 뒤집어보기 | 장석정
009 미국 문화지도 | 장석정
010 미국 메모랜덤 | 최성일
011 위대한 어머니 여신 | 장영란
012 변신이야기 | 김선자
013 인도신화의 계보 | 류경희
014 축제인류학 | 류정아
015 오리엔탈리즘의 역사 | 정진농
016 이슬람 문화 | 이희수
017 살롱문화 | 서정복
018 추리소설의 세계 | 정규웅
019 애니메이션의 장르와 역사 | 이용배
020 문신의 역사 | 조현설
021 색채의 상징, 색채의 심리 | 박영수
022 인체의 신비 | 이성주
023 생물학무기 | 배우철
024 이 땅에서 우리말로 철학하기 | 이기상
025 중세는 정말 암흑기였나 | 이경재
026 미셸 푸코 | 양운덕
027 포스트모더니즘에 대한 성찰 | 신승환
028 조폭의 계보 | 방성수
029 성스러움과 폭력 | 류성민
030 성상 파괴주의와 성상 옹호주의 | 진형준
031 UFO학 | 성시정
032 최면의 세계 | 설기문
033 천문학 탐구자들 | 이면우
034 블랙홀 | 이충환
035 법의학의 세계 | 이윤성
036 양자 컴퓨터 | 이순칠
037 마피아의 계보 | 안혁
038 헬레니즘 | 윤진
039 유대인 | 정성호
040 M. 엘리아데 | 정진홍
041 한국교회의 역사 | 서정민
042 야웨와 바알 | 김남일
043 캐리커처의 역사 | 박창석
044 한국 액션영화 | 오승욱
045 한국 문예영화 이야기 | 김남석
046 포켓몬 마스터 되기 | 김윤아
047 판타지 | 송태현
048 르 몽드 | 최연구
049 그리스 사유의 기원 | 김재홍
050 영혼론 입문 | 이정우
051 알베르 카뮈 | 유기환
052 프란츠 카프카 | 편영수
053 버지니아 울프 | 김희정
054 재즈 | 최규용
055 뉴에이지 음악 | 양한수
056 중국의 고구려사 왜곡 | 최광식
057 중국의 정체성 | 강준영
058 중국의 문화코드 | 강진석
059 중국사상의 뿌리 | 장현근
060 화교 | 정성호
061 중국인의 금기 | 장범성
062 무협 | 문현선
063 중국영화 이야기 | 임대근
064 경극 | 송철규
065 중국적 사유의 원형 | 박정근
066 수도원의 역사 | 최형걸
067 현대 신학 이야기 | 박만
068 요가 | 류경희
069 성공학의 역사 | 정해윤
070 진정한 프로는 변화가 즐겁다 | 김학선
071 외국인 직접투자 | 송의달
072 지식의 성장 | 이한구
073 사랑의 철학 | 이정은
074 유교문화와 여성 | 김미영
075 매체 정보란 무엇인가 | 구연상
076 피에르 부르디외와 한국사회 | 홍성민
077 21세기 한국의 문화혁명 | 이정덕
078 사건으로 보는 한국의 정치변동 | 양길현
079 미국을 만든 사상들 | 정경희
080 한반도 시나리오 | 정욱식
081 미국인의 발견 | 우수근
082 미국의 거장들 | 김홍국
083 법으로 보는 미국 | 채동배
084 미국 여성사 | 이창신
085 책과 세계 | 강유원
086 유럽왕실의 탄생 | 김현수
087 박물관의 탄생 | 전진성
088 절대왕정의 탄생 | 임승휘
089 커피 이야기 | 김성윤
090 축구의 문화사 | 이은호
091 세기의 사랑 이야기 | 안재필
092 반연극의 계보와 미학 | 임준서

093 한국의 연출가들 | 김남석
094 동아시아의 공연예술 | 서연호
095 사이코드라마 | 김정일
096 철학으로 보는 문화 | 신응철
097 장 폴 사르트르 | 변광배
098 프랑스 문화와 상상력 | 박기현
099 아브라함의 종교 | 공일주
100 여행 이야기 | 이진홍
101 아테네 | 장영란
102 로마 | 한형곤
103 이스탄불 | 이희수
104 예루살렘 | 최창모
105 상트 페테르부르크 | 방일권
106 하이델베르크 | 곽병휴
107 파리 | 김복래
108 바르샤바 | 최건영
109 부에노스아이레스 | 고부안
110 멕시코 시티 | 정혜주
111 나이로비 | 양철준
112 고대 올림픽의 세계 | 김복희
113 종교와 스포츠 | 이창익
114 그리스 미술 이야기 | 노성두
115 그리스 문명 | 최혜영
116 그리스와 로마 | 김덕수
117 알렉산드로스 | 조현미
118 고대 그리스의 시인들 | 김헌
119 올림픽의 숨은 이야기 | 장원재
120 장르 만화의 세계 | 박인하
121 성공의 길은 내 안에 있다 | 이숙영
122 모든 것을 고객중심으로 바꿔라 | 안상헌
123 중세와 토마스 아퀴나스 | 박주영
124 우주 개발의 숨은 이야기 | 정홍철
125 나노 | 이영희
126 초끈이론 | 박재모 · 현승준
127 안토니 가우디 | 손세관
128 프랭크 로이드 라이트 | 서수경
129 프랭크 게리 | 이일형
130 리차드 마이어 | 이성훈
131 안도 다다오 | 임채진
132 색의 유혹 | 오수연
133 고객을 사로잡는 디자인 혁신 | 신언모
134 양주 이야기 | 김준철
135 주역과 운명 | 심의용
136 학계의 금기를 찾아서 | 강성민
137 미 · 중 · 일 새로운 패권전략 | 우수근
138 세계지도의 역사와 한반도의 발견 | 김상근
139 신용하 교수의 독도 이야기 | 신용하
140 간도는 누구의 땅인가 | 이성환
141 말리노프스키의 문화인류학 | 김용환
142 크리스마스 | 이영제
143 바로크 | 신정아
144 페르시아 문화 | 신규섭
145 패션과 명품 | 이재진
146 프랑켄슈타인 | 장정희
147 뱀파이어 연대기 | 한혜원
148 위대한 힙합 아티스트 | 김정훈
149 살사 | 최명호
150 모던 걸, 여우 목도리를 버려라 | 김주리
151 누가 하이카라 여성을 데리고 사누 | 김미지
152 스위트 홈의 기원 | 백지혜
153 대중적 감수성의 탄생 | 강심호
154 에로 그로 넌센스 | 소래섭
155 소리가 만들어낸 근대의 풍경 | 이승원
156 서울은 어떻게 계획되었는가 | 염복규
157 부엌의 문화사 | 함한희
158 칸트 | 최인숙
159 사람은 왜 인정받고 싶어하나 | 이정은
160 지중해학 | 박상진
161 동북아시아 비핵지대 | 이삼성 외
162 서양 배우의 역사 | 김정수
163 20세기의 위대한 연극인들 | 김미혜
164 영화음악 | 박신영
165 한국독립영화 | 김수남
166 영화와 샤머니즘 | 이종승
167 영화로 보는 불륜의 사회학 | 황혜진
168 J.D. 샐린저와 호밀밭의 파수꾼 | 김성곤
169 허브 이야기 | 조태동 · 송진희
170 프로레슬링 | 성민수
171 프랑크푸르트 | 이기식
172 바그다드 | 이동은
173 아테네인, 스파르타인 | 윤진
174 정치의 원형을 찾아서 | 최자영
175 소르본 대학 | 서정복
176 테마로 보는 서양미술 | 권용준
177 칼 마르크스 | 박영균
178 허버트 마르쿠제 | 손철성
179 안토니오 그람시 | 김현우
180 안토니오 네그리 | 윤수종
181 박이문의 문학과 철학 이야기 | 박이문
182 상상력과 가스통 바슐라르 | 홍명희
183 인간복제의 시대가 온다 | 김홍재
184 수소 혁명의 시대 | 김미선
185 로봇 이야기 | 김문상
186 일본의 정체성 | 김필동
187 일본의 서양문화 수용사 | 정하미
188 번역과 일본의 근대 | 최경옥
189 전쟁국가 일본 | 이성환
190 한국과 일본 | 하우봉
191 일본 누드 문화사 | 최유경
192 주신구라 | 이준섭
193 일본의 신사 | 박규태
194 미야자키 하야오 | 김윤아
195 애니메이션으로 보는 일본 | 박규태
196 디지털 에듀테인먼트 스토리텔링 | 강심호
197 디지털 애니메이션 스토리텔링 | 배주영
198 디지털 게임의 미학 | 전경란
199 디지털 게임 스토리텔링 | 한혜원
200 한국형 디지털 스토리텔링 | 이인화

201 디지털 게임, 상상력의 새로운 영토 | 이정엽
202 프로이트와 종교 | 권수영
203 영화로 보는 태평양전쟁 | 이동훈
204 소리의 문화사 | 김토일
205 극장의 역사 | 임종엽
206 뮤지엄건축 | 서상우
207 한옥 | 박명덕
208 한국만화사 산책 | 손상익
209 만화 속 백수 이야기 | 김성훈
210 코믹스 만화의 세계 | 박석환
211 북한만화의 이해 | 김성훈 · 박소현
212 북한 애니메이션 | 이대연 · 김경임
213 만화로 보는 미국 | 김기홍
214 미생물의 세계 | 이재열
215 빛과 색 | 변종철
216 인공위성 | 장영근
217 문화콘텐츠란 무엇인가 | 최연구
218 고대 근동의 신화와 종교 | 강성열
219 신비주의 | 금인숙
220 십자군, 성전과 약탈의 역사 | 진원숙
221 종교개혁 이야기 | 이성덕
222 자살 | 이진홍
223 성, 그 억압과 진보의 역사 | 윤가현
224 아파트의 문화사 | 박철수
225 권오길 교수가 들려주는 생물의 섹스 이야기 | 권오길
226 동물행동학 | 임신재
227 한국 축구 발전사 | 김성원
228 월드컵의 위대한 전설들 | 서준형
229 월드컵의 강국들 | 심재희
230 스포츠마케팅의 세계 | 박찬혁
231 일본의 이중권력, 쇼군과 천황 | 다카시로 고이치
232 일본의 사소설 | 안영희
233 글로벌 매너 | 박한표
234 성공하는 중국 진출 가이드북 | 우수근
235 20대의 정체성 | 정성호
236 중년의 사회학 | 정성호
237 인권 | 차병직
238 헌법재판 이야기 | 오호택
239 프라하 | 김규진
240 부다페스트| 김성진
241 보스턴 | 황선희
242 돈황 | 전인초
243 보들레르 | 이건수
244 돈 후안 | 정동섭
245 사르트르 참여문학론 | 변광배
246 문체론 | 이종오
247 올더스 헉슬리 | 김효원
248 탈식민주의에 대한 성찰 | 박종성
249 서양 무기의 역사 | 이내주
250 백화점의 문화사 | 김인호
251 초콜릿 이야기 | 정한진
252 향신료 이야기 | 정한진
253 프랑스 미식 기행 | 심순철
254 음식 이야기 | 윤진아
255 비틀스 | 고영탁
256 현대시와 불교 | 오세영
257 불교의 선악론 | 안옥선
258 질병의 사회사 | 신규환
259 와인의 문화사 | 고형욱
260 와인, 어떻게 즐길까 | 김준철
261 노블레스 오블리주 | 예종석
262 미국인의 탄생 | 김진웅
263 기독교의 교파 | 남병두
264 플로티노스 | 조규홍
265 아우구스티누스 | 박경숙
266 안셀무스 | 김영철
267 중국 종교의 역사 | 박종우
268 인도의 신화와 종교 | 정광흠
269 이라크의 역사 | 공일주
270 르 코르뷔지에 | 이관석
271 김수영, 혹은 시적 양심 | 이은정
272 의학사상사 | 여인석
273 서양의학의 역사 | 이재담
274 몸의 역사 | 강신익
275 인류를 구한 항균제들 | 예병일
276 전쟁의 판도를 바꾼 전염병 | 예병일
277 사상의학 바로 알기 | 장동민
278 조선의 명의들 | 김호
279 한국인의 관계심리학 | 권수영
280 모건의 가족 인류학 | 김용환
281 예수가 상상한 그리스도 | 김호경
282 사르트르와 보부아르의 계약결혼 | 변광배
283 초기 기독교 이야기 | 진원숙
284 동유럽의 민족 분쟁 | 김철민
285 비잔틴제국 | 진원숙
286 오스만제국 | 진원숙
287 별을 보는 사람들 | 조상호
288 한미 FTA 후 직업의 미래 | 김준성
289 구조주의와 그 이후 | 김종우
290 아도르노 | 이종하
291 프랑스 혁명 | 서정복
292 메이지유신 | 장인성
293 문화대혁명 | 백승욱
294 기생 이야기 | 신현규
295 에베레스트 | 김법모
296 빈 | 인성기
297 발트3국 | 서진석
298 아일랜드 | 한일동
299 이케다 하야토 | 권혁기
300 박정희 | 김성진
301 리콴유 | 김성진
302 덩샤오핑 | 박형기
303 마거릿 대처 | 박동운
304 로널드 레이건 | 김형곤
305 셰이크 모하메드 | 최진영
306 유엔사무총장 | 김정태
307 농구의 탄생 | 손대범
308 홍차 이야기 | 정은희

309 인도 불교사 | 김미숙
310 아힌사 | 이정호
311 인도의 경전들 | 이재숙
312 글로벌 리더 | 백형찬
313 탱고 | 배수경
314 미술경매 이야기 | 이규현
315 달마와 그 제자들 | 우봉규
316 화두와 좌선 | 김호귀
317 대학의 역사 | 이광주
318 이슬람의 탄생 | 진원숙
319 DNA분석과 과학수사 | 박기원
320 대통령의 탄생 | 조지형
321 대통령의 퇴임 이후 | 김형곤
322 미국의 대통령 선거 | 윤용희
323 프랑스 대통령 이야기 | 최연구
324 실용주의 | 이유선
325 맥주의 세계 | 원융희
326 SF의 법칙 | 고장원
327 원효 | 김원명
328 베이징 | 조창완
329 상하이 | 김윤희
330 홍콩 | 유영하
331 중화경제의 리더들 | 박형기
332 중국의 엘리트 | 주장환
333 중국의 소수민족 | 정재남
334 중국을 이해하는 9가지 관점 | 우수근
335 고대 페르시아의 역사 | 유흥태
336 이란의 역사 | 유흥태
337 에스파한 | 유흥태
338 번역이란 무엇인가 | 이향
339 해체론 | 조규형
340 자크 라캉 | 김용수
341 하지홍 교수의 개 이야기 | 하지홍
342 다방과 카페, 모던보이의 아지트 | 장유정
343 역사 속의 채식인 | 이광조
344 보수와 진보의 정신분석 | 김용신
345 저작권 | 김기태
346 왜 그 음식은 먹지 않을까 | 정한진
347 플라멩코 | 최명호
348 월트 디즈니 | 김지영
349 빌 게이츠 | 김익현
350 스티브 잡스 | 김상훈
351 잭 웰치 | 하정필
352 워렌 버핏 | 이민주
353 조지 소로스 | 김성진
354 마쓰시타 고노스케 | 권혁기
355 도요타 | 이우광
356 기술의 역사 | 송성수
357 미국의 총기 문화 | 손영호
358 표트르 대제 | 박지배
359 조지 워싱턴 | 김형곤
360 나폴레옹 | 서정복
361 비스마르크 | 김장수
362 모택동 | 김승일
363 러시아의 정체성 | 기연수
364 너는 시방 위험한 로봇이다 | 오은
365 발레리나를 꿈꾼 로봇 | 김선혁
366 로봇 선생님 가라사대 | 안동근
367 로봇 디자인의 숨겨진 규칙 | 구신애
368 로봇을 향한 열정, 일본 애니메이션 | 안병욱
369 도스토예프스키 | 박영은
370 플라톤의 교육 | 장영란
371 대공황 시대 | 양동휴
372 미래를 예측하는 힘 | 최연구
373 꼭 알아야 하는 미래 질병 10가지 | 우정헌
374 과학기술의 개척자들 | 송성수
375 레이첼 카슨과 침묵의 봄 | 김재호
376 좋은 문장 나쁜 문장 | 송준호
377 바울 | 김호경
378 테킬라 이야기 | 최명호
379 어떻게 일본 과학은 노벨상을 탔는가 | 김범성
380 기후변화 이야기 | 이유진
381 샹송 | 전금주
382 이슬람 예술 | 전완경
383 페르시아의 종교 | 유흥태
384 삼위일체론 | 유해무
385 이슬람 율법 | 공일주
386 금강경 | 곽철환
387 루이스 칸 | 김낙중 · 정태용
388 톰 웨이츠 | 신주현
389 위대한 여성 과학자들 | 송성수
390 법원 이야기 | 오호택
391 명예훼손이란 무엇인가 | 안상운
392 사법권의 독립 | 조지형
393 피해자학 강의 | 장규원
394 정보공개란 무엇인가 | 안상운
395 적정기술이란 무엇인가 | 김정태 · 홍성욱
396 치명적인 금융위기, 왜 유독 대한민국인가 | 오형규
397 지방자치단체, 돈이 새고 있다 | 최인욱
398 스마트 위험사회가 온다 | 민경식
399 한반도 대재난, 대책은 있는가 | 이정직
400 불안사회 대한민국, 복지가 해답인가 | 신광영
401 21세기 대한민국 대외전략 | 김기수
402 보이지 않는 위협, 종북주의 | 류현수
403 우리 헌법 이야기 | 오호택
404 핵심 중국어 간체자(简体字) | 김현정
405 문화생활과 문화주택 | 김용범
406 미래주거의 대안 | 김세용 · 이재준
407 개방과 폐쇄의 딜레마, 북한의 이중적 경제 | 남성욱·정유석
408 연극과 영화를 통해 본 북한 사회 | 민병욱
409 먹기 위한 개방, 살기 위한 핵외교 | 김계동
410 북한 정권 붕괴 가능성과 대비 | 전경주
411 북한을 움직이는 힘, 군부의 패권경쟁 | 이영훈
412 인민의 천국에서 벌어지는 인권유린 | 허만호
413 성공을 이끄는 마케팅 법칙 | 추성엽
414 커피로 알아보는 마케팅 베이직 | 김민주
415 쓰나미의 과학 | 이호준
416 20세기를 빛낸 극작가 20인 | 백승무

417 20세기의 위대한 지휘자 | 김문경
418 20세기의 위대한 피아니스트 | 노태헌
419 뮤지컬의 이해 | 이동섭
420 위대한 도서관 건축 순례 | 최정태
421 아름다운 도서관 오디세이 | 최정태
422 롤링 스톤즈 | 김기범
423 서양 건축과 실내디자인의 역사 | 천진희
424 서양 가구의 역사 | 공혜원
425 비주얼 머천다이징&디스플레이 디자인 | 강희수
426 호감의 법칙 | 김경호
427 시대의 지성, 노암 촘스키 | 임기대
428 역사로 본 중국음식 | 신계숙
429 일본요리의 역사 | 박병학
430 한국의 음식문화 | 도현신
431 프랑스 음식문화 | 민혜련
432 중국차 이야기 | 조은아
433 디저트 이야기 | 안호기
434 치즈 이야기 | 박승용
435 면(麵) 이야기 | 김한송
436 막걸리 이야기 | 정은숙
437 알렉산드리아 비블리오테카 | 남태우
438 개헌 이야기 | 오호택
439 전통 명품의 보고, 규장각 | 신병주
440 에로스의 예술, 발레 | 김도윤
441 소크라테스를 알라 | 장영란
442 소프트웨어가 세상을 지배한다 | 김재호
443 국제난민 이야기 | 김철민
444 셰익스피어 그리고 인간 | 김도윤
445 명상이 경쟁력이다 | 김필수
446 갈매나무의 시인 백석 | 이승원
447 브랜드를 알면 자동차가 보인다 | 김흥식
448 파이온에서 힉스 입자까지 | 이강영
449 알고 쓰는 화장품 | 구희연
450 희망이 된 인문학 | 김호연
451 한국 예술의 큰 별 동랑 유치진 | 백형찬
452 경허와 그 제자들 | 우봉규
453 논어 | 윤홍식
454 장자 | 이기동
455 맹자 | 장현근
456 관자 | 신창호
457 순자 | 윤무학
458 미사일 이야기 | 박준복
459 사주(四柱) 이야기 | 이지형
460 영화로 보는 로큰롤 | 김기범
461 비타민 이야기 | 김정환
462 장군 이순신 | 도현신
463 전쟁의 심리학 | 이윤규
464 미국의 장군들 | 여영무
465 첨단무기의 세계 | 양낙규
466 한국무기의 역사 | 이내주
467 노자 | 임헌규
468 한비자 | 윤찬원
469 묵자 | 박문현
470 나는 누구인가 | 김용신
471 논리적 글쓰기 | 여세주
472 디지털 시대의 글쓰기 | 이강룡
473 NLL을 말하다 | 이상철
474 뇌의 비밀 | 서유헌
475 버트런드 러셀 | 박병철
476 에드문트 후설 | 박인철
477 공간 해석의 지혜, 풍수 | 이지형
478 이야기 동양철학사 | 강성률
479 이야기 서양철학사 | 강성률
480 독일 계몽주의의 유학적 기초 | 전홍석
481 우리말 한자 바로쓰기 | 안광희
482 유머의 기술 | 이상훈
483 관상 | 이태룡
484 가상학 | 이태룡
485 역경 | 이태룡
486 대한민국 대통령들의 한국경제 이야기 1 | 이장규
487 대한민국 대통령들의 한국경제 이야기 2 | 이장규
488 별자리 이야기 | 이형철 외
489 셜록 홈즈 | 김재성
490 역사를 움직인 중국 여성들 | 이양자
491 중국 고전 이야기 | 문승용
492 발효 이야기 | 이미란
493 이승만 평전 | 이주영
494 미군정시대 이야기 | 차상철
495 한국전쟁사 | 이희진
496 정전협정 | 조성훈
497 북한 대남 침투도발사 | 이윤규
498 수상 | 이태룡
499 성명학 | 이태룡
500 결혼 | 남정욱
501 광고로 보는 근대문화사 | 김병희
502 시조의 이해 | 임형선
503 일본인은 왜 속마음을 말하지 않을까 | 임영철
504 내 사랑 아다지오 | 양태조
505 수프림 오페라 | 김도윤
506 바그너의 이해 | 서정원
507 원자력 이야기 | 이정익
508 이스라엘과 창조경제 | 정성호
509 한국 사회 빈부의식은 어떻게 변했는가 | 김용신
510 요하문명과 한반도 | 우실하
511 고조선왕조실록 | 이희진
512 고구려조선왕조실록 1 | 이희진
513 고구려조선왕조실록 2 | 이희진
514 백제왕조실록 1 | 이희진
515 백제왕조실록 2 | 이희진
516 신라왕조실록 1 | 이희진
517 신라왕조실록 2 | 이희진
518 신라왕조실록 3 | 이희진
519 가야왕조실록 | 이희진
520 발해왕조실록 | 구난희
521 고려왕조실록 1 (근간)
522 고려왕조실록 2 (근간)
523 조선왕조실록 1 | 이성무
524 조선왕조실록 2 | 이성무

525 조선왕조실록 3 | 이성무
526 조선왕조실록 4 | 이성무
527 조선왕조실록 5 | 이성무
528 조선왕조실록 6 | 편집부
529 정한론 | 이기용
530 청일전쟁 (근간)
531 러일전쟁 (근간)
532 이슬람 전쟁사 | 진원숙
533 소주이야기 | 이지형
534 북한 남침 이후 3일간, 이승만 대통령의 행적 | 남정옥
535 제주 신화 1 | 이석범
536 제주 신화 2 | 이석범
537 제주 전설 1 | 이석범
538 제주 전설 2 | 이석범
539 제주 전설 3 | 이석범
540 제주 전설 4 | 이석범
541 제주 전설 5 | 이석범
542 제주 민담 | 이석범
543 서양의 명장 | 박기련
544 동양의 명장 | 박기련
545 루소, 교육을 말하다 | 고봉만 · 황성원
546 철학으로 본 앙트러프러너십 | 전인수
547 예술과 앙트러프러너십 | 조명계
548 예술마케팅 | 전인수
549 비즈니스상상력 | 전인수
550 개념설계의 시대 | 전인수
551 미국 독립전쟁 | 김형곤
552 미국 남북전쟁 | 김형곤
553 초기불교 이야기 | 곽철환
554 한국가톨릭의 역사 | 서정민
555 시아 이슬람 | 유흥태
556 스토리텔링에서 스토리두잉으로 | 윤주
557 백세시대의 지혜 | 신현동
558 구보 씨가 살아온 한국 사회 | 김병희
559 정부광고로 보는 일상생활사 | 김병희
560 정부광고의 국민계몽 캠페인 | 김병희
561 도시재생이야기 | 윤주
562 한국의 핵무장 | 김재엽
563 고구려 비문의 비밀 | 정호섭
564 비슷하면서도 다른 한중문화 | 장범성
565 급변하는 현대 중국의 일상 | 장시,리우린,장범성
566 중국의 한국 유학생들 | 왕링윈, 장범성
567 밥 딜런 그의 나라에는 누가 사는가 | 오민석
568 언론으로 본 정부 정책의 변천 | 김병희
569 전통과 보수의 나라 영국 1-영국 역사 | 한일동
570 전통과 보수의 나라 영국 2-영국 문화 | 한일동
571 전통과 보수의 나라 영국 3-영국 현대 | 김언조
572 제1차 세계대전 | 윤형호
573 제2차 세계대전 | 윤형호
574 라벨로 보는 프랑스 포도주의 이해 | 전경준
575 미셸 푸코, 말과 사물 | 이규현
576 프로이트, 꿈의 해석 | 김석
577 왜 5왕 | 홍성화
578 소가씨 4대 | 나행주
579 미나모토노 요리토모 | 남기학
580 도요토미 히데요시 | 이계황
581 요시다 쇼인 | 이희복
582 시부사와 에이이치 | 양의모
583 이토 히로부미 | 방광석
584 메이지 천황 | 박진우
585 하라 다카시 | 김영숙
586 히라쓰카 라이초 | 정애영
587 고노에 후미마로 | 김봉식
588 모방이론으로 본 시장경제 | 김진식
589 보들레르의 풍자적 현대문명 비판 | 이건수
590 원시유교 | 한성구
591 도가 | 김대근
592 춘추전국시대의 고민 | 김현주

중세와 토마스 아퀴나스

펴낸날 초판 1쇄 2004년 8월 30일
초판 4쇄 2021년 3월 31일

지은이 박주영
펴낸이 심만수
펴낸곳 (주)살림출판사
출판등록 1989년 11월 1일 제9-210호

주소 경기도 파주시 광인사길 30
전화 031-955-1350 팩스 031-624-1356
홈페이지 http://www.sallimbooks.com
이메일 book@sallimbooks.com

ISBN 978-89-522-0281-9 04080
978-89-522-0096-9 04080(세트)

026 미셸 푸코

eBook

양운덕(고려대 철학연구소 연구교수)

더 이상 우리에게 낯설지 않지만, 그렇다고 손쉽게 다가가기엔 부담스러운 푸코라는 철학자를 '권력'이라는 열쇠를 가지고 우리에게 열어 보여 주는 책. 권력은 어떻게 작용하는가에서 논의를 시작하여 관계망 속에서의 권력과 창조적 · 생산적 · 긍정적인 힘으로서의 권력을 이야기해 준다.

027 포스트모더니즘에 대한 성찰

eBook

신승환(가톨릭대 철학과 교수)

포스트모더니즘의 역사와 논의를 차분히 성찰하고, 더 나아가 서구의 근대를 수용하고 변용시킨 우리의 탈근대가 어떠한 맥락에서 이해되는지를 밝힌 책. 저자는 오늘날 포스트모더니즘으로 대변되는 탈근대적 문화와 철학운동은 보편주의와 중심주의, 전체주의와 이성 중심주의에 대한 거부이며, 지금은 이 유행성의 뿌리를 성찰해 볼 때라고 주장한다.

202 프로이트와 종교

eBook

권수영(연세대 기독상담센터 소장)

프로이트는 20세기를 대표할 만한 사상가이지만, 여전히 적지 않은 논란과 의심의 눈초리를 받고 있다. 게다가 신에 대한 믿음을 빼앗아버렸다며 종교인들은 프로이트를 용서하지 않을 기세이다. 기독교 신학자인 저자는 이 책을 통해 종교인들에게 프로이트가 여전히 유효하며, 그를 통하여 신앙이 더 건강해질 수 있다는 점을 보여 주려 한다.

427 시대의 지성 노암 촘스키

eBook

임기대(배재대 연구교수)

저자는 노암 촘스키를 평가함에 있어 언어학자와 진보 지식인 중 어느 한 쪽의 면모만을 따로 떼어 이야기하는 것은 불합리하다고 말한다. 이 책에서는 촘스키의 가장 핵심적인 언어이론과 그의 정치비평 중 주목할 만한 대목들이 함께 논의된다. 저자는 촘스키 이론과 사상의 본질에 다가가기 위한 이러한 시도가 나아가 서구 사상을 받아들이는 우리의 자세와도 연결된다고 믿고 있다.

024 이 땅에서 우리말로 철학하기

이기상(한국외대 철학과 교수)

우리말을 가지고 우리의 사유를 펼치고 있는 이기상 교수의 새로운 사유 제안서. 일상과 학문, 실천과 이론이 분리되어 있는 '공핍의 시대'에 사는 우리에게 생활세계를 서양학문의 식민지화로부터 해방시키고, 서양이론의 중독으로부터 벗어나야 한다고 역설한다. 저자는 인간 중심에서 생명 중심으로의 변환과 관계론적인 세계관을 담고 있는 '사이 존재'를 제안한다.

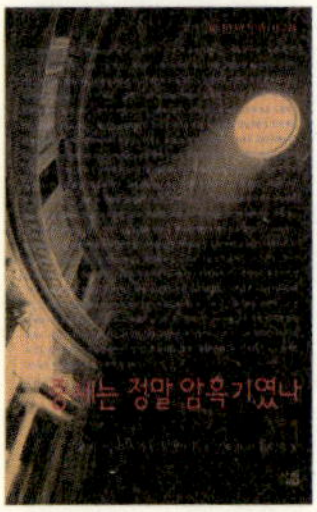

025 중세는 정말 암흑기였나

eBook

이경재(백석대 기독교철학과 교수)

중세에 대한 친절한 입문서. 신과 인간에 대한 중세인의 의식을 다루고 있는 이 책은 어떻게 중세가 암흑시대라는 일반적인 인식을 가지게 되었는지에 대한 물음을 추적한다. 중세는 비합리적인 세계인가, 중세인의 신앙과 이성은 어떠한 관계를 갖고 있는가 등에 대한 논의를 하고 있다.

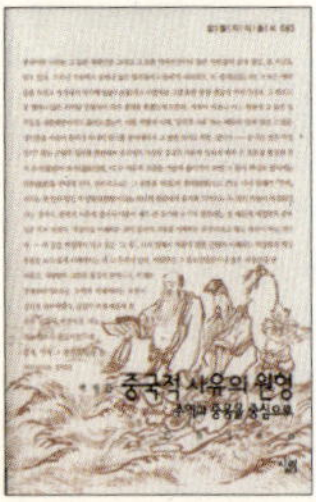

065 중국적 사유의 원형

eBook

박정근(한국외대 철학과 교수)

중국 사상의 두 뿌리인 『주역』과 『중용』을 철학적 관점에서 접근한다. '산다는 것은 무엇인가?'라는 근원적 질문으로부터 자생한 큰 흐름이 유가와 도가인데, 이 두 사유의 흐름을 거슬러 올라가다 보면 그 둘이 하나로 합쳐지는 원류를 만나게 된다. 저자는 『주역』과 『중용』에 담겨 있는 지혜야말로 중국인의 사유세계를 지배하는 원류라고 말한다.

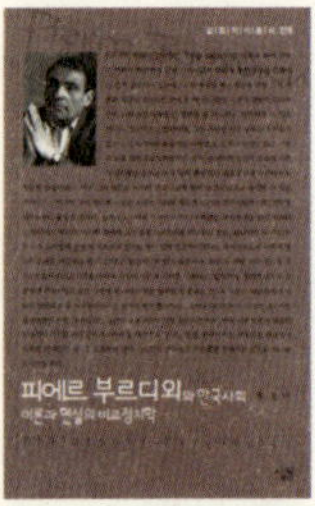

076 피에르 부르디외와 한국사회

eBook

홍성민(동아대 정치외교학과 교수)

부르디외의 삶과 저작들을 통해 그의 사상을 쉽게 소개해 주고 이를 통해 한국사회의 변화를 호소하는 책. 저자는 부르디외가 인간의 행동이 엄격한 합리성과 계산을 근거로 행해지기보다는 일정한 기억과 습관, 그리고 사회적 전통에 영향을 받는다는 사실로부터 시작한다는 점을 강조한다.

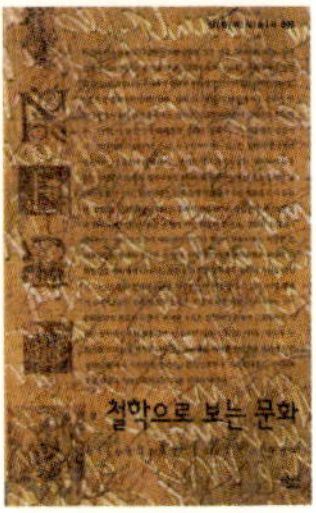

096 철학으로 보는 문화

eBook

신응철(숭실대 인문과학연구소 연구교수)

문화와 문화철학 연구에 관심 있는 사람을 위한 길라잡이로 구상된 책. 비교적 최근에 분과학문으로 등장하기 시작한 문화철학의 논의에 반드시 들어가야 할 요소를 선택하여 제시하고, 그 핵심 내용을 제공한다. 칸트, 카시러, 반 퍼슨, 에드워드 홀, 에드워드 사이드, 새무얼 헌팅턴, 수전 손택 등의 철학자들의 문화론이 소개된다.

097 장 폴 사르트르

eBook

변광배(프랑스인문학연구모임 '시지프' 대표)

'타자'는 현대 사상에 있어 가장 중요한 개념 중 하나이다. 근대가 '자아'에 주목했다면 현대, 즉 탈근대는 '자아'의 소멸 혹은 자아의 허구성을 발견함으로써 오히려 '타자'에 관심을 갖게 되었다. 그리고 타자이론의 중심에는 사르트르가 있다. 사르트르의 시선과 타자론을 중점적으로 소개한 책.

135 주역과 운명

eBook

심의용(숭실대 강사)

주역에 대한 해설을 통해 사람들의 우환과 근심, 삶과 운명에 대한 우리의 자세를 말해 주는 책. 저자는 난해한 철학적 분석이나 독해의 문제로 우리를 데리고 가는 것이 아니라 공자, 백이, 안연, 자로, 한신 등 중국의 여러 사상가들의 사례를 통해 우리네 삶을 반추하는 방식을 취한다.

450 희망이 된 인문학

eBook

김호연(한양대 기초 · 융합교육원 교수)

삶 속에서 배우는 앎이야말로 인간의 운명을 바꿀 수 있는 기회를 준다. 그래서 삶이 곧 앎이고, 앎이 곧 삶이 되는 공부를 하는 것이 무엇보다 중요하다. 저자는 인문학이야말로 앎과 삶이 결합된 공부를 도울 수 있고, 모든 이들이 이 공부를 할 수 있어야 한다고 믿는다. 특히 '관계와 소통'에 초점을 맞춘 인문학의 실용적 가치, '인문학교'를 통한 실제 실천사례가 눈길을 끈다.

eBook 표시가 되어있는 도서는 전자책으로 구매가 가능합니다.

024 이 땅에서 우리말로 철학하기 | 이기상
025 중세는 정말 암흑기였나 | 이경재 eBook
026 미셸 푸코 | 양운덕 eBook
027 포스트모더니즘에 대한 성찰 | 신승환 eBook
049 그리스 사유의 기원 | 김재홍 eBook
050 영혼론 입문 | 이정우
059 중국사상의 뿌리 | 장현근 eBook
065 중국적 사유의 원형 | 박정근 eBook
072 지식의 성장 | 이한구 eBook
073 사랑의 철학 | 이정은 eBook
074 유교문화와 여성 | 김미영 eBook
075 매체 정보란 무엇인가 | 구연상 eBook
076 피에르 부르디외와 한국사회 | 홍성민 eBook
096 철학으로 보는 문화 | 신응철 eBook
097 장 폴 사르트르 | 변광배 eBook
123 중세와 토마스 아퀴나스 | 박경숙 eBook
135 주역과 운명 | 심의용 eBook
158 칸트 | 최인숙 eBook
159 사람은 왜 인정받고 싶어하나 | 이정은 eBook
177 칼 마르크스 | 박영균
178 허버트 마르쿠제 | 손철성 eBook
179 안토니오 그람시 | 김현우
180 안토니오 네그리 | 윤수종 eBook
181 박이문의 문학과 철학 이야기 | 박이문 eBook
182 상상력과 가스통 바슐라르 | 홍명희 eBook
202 프로이트와 종교 | 권수영 eBook
289 구조주의와 그 이후 | 김종우 eBook
290 아도르노 | 이종하 eBook
324 실용주의 | 이유선
339 해체론 | 조규형
340 자크 라캉 | 김용수
370 플라톤의 교육 | 장영란 eBook
427 시대의 지성 노암 촘스키 | 임기대 eBook
441 소크라테스를 알라 | 장영란 eBook
450 희망이 된 인문학 | 김호연 eBook
453 논어 | 윤홍식 eBook
454 장자 | 이기동 eBook
455 맹자 | 장현근 eBook
456 관자 | 신창호 eBook
457 순자 | 윤무학 eBook
459 사주(四柱) 이야기 | 이지형 eBook
467 노자 | 임헌규 eBook
468 한비자 | 윤찬원 eBook
469 묵자 | 박문현 eBook
470 나는 누구인가 | 김용신 eBook
475 버트런드 러셀 | 박병철
476 에드문트 후설 | 박인철
477 공간 해석의 지혜, 풍수 | 이지형
478 이야기 동양철학사 | 강성률
479 이야기 서양철학사 | 강성률
480 독일 계몽주의의 유학적 기초 | 전홍석

㈜살림출판사
www.sallimbooks.com
주소 경기도 파주시 문발동 522-1 | 전화 031-955-1350 | 팩스 031-955-1355